Nexum und Mancipium.

Von

H. H. Pflüger.

Leipzig,
Verlag von Duncker & Humblot.
1908.

Altenburg
Pierersche Hofbuchdruckerei
Stephan Geibel & Co.

INHALT.

I.
HUSCHKE, MITTEIS UND LENEL.

Eins muß man der bis vor kurzem herrschend ge-
wesenen, von Huschke[1] begründeten Lehre vom
Nexum lassen: sie hatte, wie man zu sagen pflegt, Hand
und Fuß. Wogegen das, was Mitteis[2] neuerdings an
ihre Stelle zu setzen versucht hat, doch noch nicht so
klar herausgearbeitet ist, daß man denen, die wie
Bekker[3] und Kübler[4] an der alten, durch ein halbes
Jahrhundert bewundernder Anerkennung bewährten Auffassung festhalten, ihren ablehnenden Standpunkt irgendwie verdenken kann.

Mitteis ist, wie man weiß, zu jener noch älteren,
nach dem Vorgang namentlich des Salmasius[5] zuerst

---

[1] Über das Recht des nexum und das altrömische Schuldrecht, 1846. Vgl. auch dessen Studien des römischen Rechts,
I, 1830, S. 295.

[2] Sav.Z. 22, S. 96 ff.

[3] Sav.Z. 23, S. 11 ff.

[4] Sav.Z. 25, S. 254 ff. Vgl. auch Senn, Nouvelle Revue
historique, 1905, S. 49 ff.

[5] De usuris, 1638, S. 206; de modo usurarum, 1639, S. 580,
838 f. Vgl. auch Gronovius in Burmanns Sylloge epistolarum
a viris ill. scr. II, ep. 302, S. 549.

wieder von Niebuhr[6] verteidigten und näher aus-
geführten Ansicht zurückgekehrt, wonach das Nexum
„lediglich eine Selbstverpfändung des Schuldners für
das ihm gegebene Darlehn enthält"; und als Rechts-
form dieser Hingabe denkt er sich die der Mancipation.
Aber wie wir uns das genauer vorzustellen haben,
ist doch nicht mit aller wünschenswerten Deutlichkeit
erkennbar.

Ist es wirklich ganz in dem Sinne gemeint wie bei
Niebuhr? Dann wäre das Nexum eine besondere Art
gegenseitiger Verträge. Auch Niebuhr sieht nämlich in dem Nexum, was die Form angeht, eine Mancipation, durch die jemand „sich und folglich alles was
sein war der Form nach verkaufte, nach der Wesentlichkeit verpfändete[7]". Diese Mancipation ist ihm aber
zugleich auch die Form, in der der Schuldner seinen
„Schuldkontrakt" abschloß[8]. Das heißt aber doch, das
Nexum ist für Niebuhr in Wirklichkeit nicht nur eine
Mancipation und Verpfändung, sondern zugleich auch
ein Darlehn! Freilich kein echtes Darlehn, wie das
Nexum Huschkes, wobei für zugewogenes Geld eine
richtige Forderung, wenn auch von besonderer Art, gegen
den Darlehnsempfänger erworben wird. Der Darlehns-
charakter des ganzen Geschäfts zeigt sich vielmehr nur
darin, daß die Rückzahlung des „Kaufpreises", wenn auch
nicht eigentlich geschuldet, so doch auf jeden Fall er-

---

[6] Römische Geschichte, I, 3. Aufl., S. 638 ff.; 5. Aufl.
S. 322 ff.

[7] a. a. O. S. 638 (322).

[8] a. a. O. S. 641 (323).

wartet wird: wie ja auch das Recht an der Person des
Schuldners, das den Gegenstand dieses Kaufes ausmacht,
nur „nach der Wesentlichkeit", wie Niebuhr sagt, ein
Pfandrecht genannt werden kann. Das Nexum im Sinne
Niebuhrs ist also, kurz gesagt, ein Darlehn gegen Selbstverpfändung in Gestalt eines Selbstverkaufes. Jeder
Kauf aber, auch wenn er nicht obligatorischen Inhalts
ist, sondern wie dieser hier Zug um Zug vor sich geht,
ist ein gegenseitiger Vertrag.

Ist dies nun wirklich die Meinung von Mitteis?
Wenn man hört, wie er das, was er vorbringt, ausdrücklich vom „Darlehnsnexum" aussagt[9], so sollte man
es in der Tat glauben. Woraus sich dann weiter er-
geben würde, daß Mitteis, ebenso wie auch Niebuhr,
der Huschkeschen Lehre in Wahrheit viel näher stände,
als es auf den ersten Blick erscheint. Fehlt es doch
auch unter den Vertretern der Huschkeschen Lehre
nicht an solchen, die in dem Darlehnsnexum ebenfalls
eine „Selbstverpfändung des Schuldners" erblicken[10];
und steht doch Huschke selber einer solchen Auffassung
gar so ferne nicht[11].

Auf der anderen Seite ist es nun aber doch wieder
sehr fraglich, ob ein solches „Darlehen gegen Selbstverpfändung", als ein gegenseitiger Vertrag gedacht,
wirklich in Mitteis' Sinne ist. Mitteis[12] drückt sich

---

[9] Vgl. a. a. O. S. 118.
[10] Vgl. Sohm, Institutionen, § 11 (bis zur 9. Auflage);
Czyhlarz, Institutionen, § 80.
[11] Nexum S. 68 ff.
[12] a. a. O. S. 122 ff.

nämlich auch wieder so aus, und so versteht ihn auch Mommsen[13], als betrachte er das Nexum vielmehr, wie Mommsen es faßt, „als Verstärkung einer auf andere Weise begründeten Darlehnsobligation". Das heißt, Darlehn und Mancipation sind ihm doch wohl jedes ein Geschäft für sich. Ein solches selbständiges Darlehn kann aber natürlich nur ein rechtes, echtes Darlehn sein, bei dem der Darlehnsgeber gegen Hingabe des Geldes richtiger Gläubiger des Empfängers wird. Und nicht minder selbstverständlich ist es, daß, wenn die Aushändigung der Darlehnssumme schon ein Geschäft für sich ausmacht, die zu diesem selbständigen Darlehn selbständig hinzutretende Mancipation nicht als für wirklich zugewogenes Geld, sondern nur als für einen Scheinpreis erfolgend gedacht sein kann.

Das wäre dann aber im Wesentlichen dieselbe Auffassung, wie sie, soviel ich sehe, zuerst v. Scheurl[14] vertreten hat. Und der Gegensatz dieser Auffassung gegenüber der Niebuhrschen, die, wie gesagt, Darlehn und Selbstverpfändung zu einem Geschäft zusammenschmiedet, die Selbstmancipation also gegen wirklich zugewogenes Geld vor sich gehen läßt: dieser Gegensatz ist meines Erachtens viel bedeutender als der Gegensatz zwischen Niebuhr und Huschke, welche beide, wie wir gesehen haben, doch immerhin darin überein kommen, daß sie das Nexum, so oder so, für ein Darlehn halten.

---

[13] Sav.Z. 23, S. 349.
[14] Vom Nexum, 1839, S. 51. Vgl. auch Unterholzner, Schuldverhältnisse, I, 1840, S. 31; Burchardi, Lehrb. des röm. Rechts, II, S. 313 f. (2. Ausg. 1854).

Gleichwohl — und das ist eben das Unzulängliche
an der Lehre von Mitteis — würde sich sehr irren, wer
nun glaubte, das Darlehnsnexum durch Mitteis glück-
lich losgeworden zu sein. Mitteis, ebenso wie auch
v. Scheurl, denkt gar nicht daran, daß das Darlehn,
für dessen Rückzahlung der Schuldner sich verpfändete,
ein einfaches, gewöhnliches mutuum hätte sein können.
Seine Meinung ist vielmehr, daß „beim Darlehn mög-
licherweise zwei nexa zustande kamen"[15], nämlich
zugleich ein Darlehnsnexum und ein Selbstverpfändungsnexum. Und das Mitteissche Darlehnsnexum unterscheidet sich von dem der Huschkeschen Lehre nur
dadurch, daß ihm gewissermaßen die Giftzähne aus-
gezogen sind: statt des Rechts zur manus injectio ver-
schafft es dem Gläubiger nur eine ganz gewöhnliche
Forderung, die durch die allgemeine legis actio sacramento in personam geltend zu machen ist.

Das ist denn doch eine Halbheit, und Bekker[16],
Mommsen[17] und Kübler[18] haben mit Recht nach-
drücklichen Einspruch dagegen erhoben. Allerdings,
wenn das Selbstverpfändungsnexum dem Darlehnsnexum
erst später nachfolgt, dann mag das sonderbare Nebeneinander zweier nexa, das eine mit wirklicher, das
andere mit scheinbarer Geldzahlung, die doch beide sonst
das dringende Verlangen haben müßten, sich zu einem
einzigen Geschäfte zu vereinigen, weniger in die Augen

---

[15] a. a. O. S. 124.
[16] Sav.Z. 23, S. 23.
[17] Sav.Z. 23, S. 349 ff.
[18] Sav.Z. 25, S. 272 f.

fallen. Dahingegen Zug um Zug vorgenommen sind die beiden, wie Hero und Leander, schlechterdings nicht mehr zu halten. Und der beste Gradmesser für die Stärke der beiderseitigen Anziehung ist wohl die Wucht, mit der Mommsen[19], im ausgesprochenen Gegensatz zu Mitteis, für die Vereinigung von Darlehnsnexum und Selbstverpfändung zu einem einzigen gegenseitigen Vertrage im Sinne Niebuhrs eintritt.

Doch hat auch Mitteis[20] selber jenem Verlangen nachträglich in etwas Rechnung getragen, indem er späterhin die Erklärung abgegeben hat, daß er, wie er sagt, das einzige Zugeständnis, welches er früher noch an die ältere Auffassung gemacht habe, zurücknehme. Habe er nämlich früher zugegeben, daß der Selbstverkauf des Schuldners unter Umständen schon bei Abschluß des Darlehns für den Fall späterer Säumnis vorgenommen werden mochte, so meine er jetzt, daß der Selbstverkauf stets als unbedingter, also erst nach Fälligkeit des Darlehns und bei eingetretener Zahlungsunfähigkeit vorgekommen sei. Mit anderen Worten, Mitteis gräbt jetzt einen Graben, um ein Wasser zwischen die beiden zu legen, das „viel zu tief" ist. Und in einer Hinsicht ist er dadurch gewiß der Wahrheit um ein Erkleckliches näher gekommen: der gewichtigste Einwand gegen die Annahme einer Selbstmancipation, die grundsätzliche Unzulässigkeit bedingter Mancipationen, ist damit vermieden.

Noch fördernder freilich als dieses Rettungswerk

---

[19] a. a. O. Vgl. auch Bachofen, Nexum S. 64 f.
[20] Sav.Z. 25, S. 282.

ist was L e n e l [21] unternimmt. Nicht einen Graben nur
schaufelt er, sondern ein Grab! Ein Grab für die ganze
Lehre vom Darlehn per aes et libram! Ein solches
hätte es, wenn Lenel recht hat, niemals gegeben, in
der Knechtsgestalt, die Mitteis ihm läßt, so wenig
wie in irgendwelcher anderen. Und Mitteis, der schon
wähnte, auch das letzte Zugeständnis an die Huschkesche
Lehre zurückgenommen zu haben, stände also doch noch
mehr unter diesem Banne, als er selber glaubt.

[21] Sav.Z. 23, S. 84 ff.

II.

NEXUM UND MUTUUM.

Die bis vor kurzem herrschend gewesene Lehre war
von einer sehr merkwürdigen, fast möchte man sagen
fixen Idee beherrscht. Das gewöhnliche mutuum, das
ohne alle Förmlichkeit durch bloßes Geben und Nehmen
des Geldes zustande kommt, war ihr für die ältesten
Zeiten des römischen Rechts nicht gut genug!

Das älteste römische Recht, so lehrte man uns[22],
war förmlich und streng. Und so konnte denn auch das
Darlehn des ältesten römischen Rechts nur förmlich und
streng sein. Das Darlehn des ältesten römischen Rechts
war eben das Nexum. Und spät erst, als ein Real-
kontrakt im Stile des sich entwickelnden neuen Rechts,
des ius gentium, sei das formlose mutuum an seine Stelle
getreten.

So die weiland herrschende Lehre. Ebenso aber,
wie wir soeben gesehen haben, auch Mitteis[23]: nur
mit dem Unterschiede, daß er, wie gesagt, dem Darlehnsgläubiger statt der legis actio per manus iniectionem nur

---

[22] Vgl. Sohm, Institutionen, §§ 11, 78.
[23] Sav.Z. 22 S. 104 ff., 124.

die gewöhnliche legis actio sacramento zugesteht. Ja
selbst Lenel[24], ob er uns gleich von dem Darlehn per
aes et libram befreien will, ist dennoch weit entfernt,
nun einfach das formlose mutuum an seine Stelle treten
zu lassen. Auch Lenel kann sich ein obligatorisches Geschäft im ältesten Recht nur als ein förmliches denken,
und so muß ihm denn, um das formlose Darlehen verbindlich zu machen, mindestens eine sponsio hinzukommen.

Das merkwürdigste an dieser herrschenden Auffassung ist nun aber, daß der Begründer der herrschenden
Lehre, der doch sonst alles aufbietet, um aus dem
Darlehnsnexum etwas Rechtes zu machen, daß Huschke
von einer solchen Auffassung noch gar nichts weiß!
Nach Huschke[25] gab es vielmehr schon im ältesten
römischen Recht zwei Arten des Darlehns nebeneinander, die sich, wie er hinzufügt, ebenso verhielten,
wie pignus und fiducia, traditio und mancipatio, und
eine große Zahl ähnlicher Gegensätze. Und das mutuum,
als auf dem ius gentium beruhend, hält Huschke sogar für
älter als das nexum! In der Tat ist es erst Mommsen[26]
gewesen, der in dem Formalismus des ältesten Rechts
das Ausdrucksmittel fand, um mit wenigen großen und
strengen Zügen, mit Mancipation und Nexum als den
beiden Säulen des Vermögensrechts, statt eines lebens-
wahren wenigstens ein künstlerisch stilisiertes Bild des

---

[24] Sav.Z. 23 S. 96 ff. Vgl. auch Mitteis in der Festgabe
für Bekker „Aus römischem und bürgerlichem Recht", S. 116
Anm. 3.
[25] Nexum S. 48 f.
[26] Römische Geschichte, I, Kap. XI, S. 150 f. (8. Aufl.).
Vgl. auch Voigt, Jus naturale, II, S. 646 Anm. 781.

ältesten Rechtszustandes zu entwerfen. Und so sehr hat das eigene Gemälde den Blick des Meisters für das Leben getrübt, daß er von dem einfältigen formlosen mutuum als von etwas „Merkwürdigem" redet[27]; daß er dieses Gänseblümchen unter den Geschäften des Obligationenrechts wie eine exotische Pflanze erst in der Fremde entdeckt werden und aus der Fremde nach Rom einwandern läßt!

Den Formalismus des ältesten Rechts in Ehren! Hören wir aber nicht bloß auf Mommsen, sondern auch auf Jhering. Niemand, auch Mommsen nicht, der die ausschließliche Herrschaft der Form im ältesten Recht eindringlicher und beredter gepredigt hätte, als gerade Jhering[28]. Aber das Darlehn nimmt Jhering aus! Nicht der Träger der Form, der Wille, sagt er, sondern das Haben, die res, sei hier das, was die Klage begründe; bei der Klage aus dem Darlehn so wenig wie bei einer anderen condictio brauche der Kläger das Willensmoment hereinzuziehen, sondern es genüge die bloße Tatsache der Bereicherung durch das Empfangene.

Derselben Ansicht ist Pernice[29]. Ja, kein anderer als Mommsen[30] selber behauptet genau dasselbe, wenn er an anderer Stelle sagt, das rechtlich verbindende Moment beim mutuum wie bei der condictio indebiti sei nicht die formlose Vereinbarung, sondern der „Eigentumswechsel". Widerruft er aber damit nicht

---

[27] A. a. O. S. 154.
[28] Geist des röm. Rechts, II, 2, § 45.
[29] Labeo III, S. 220 f.
[30] Röm. Staatsrecht, I, S. 238 Anm. 1.

sich selber? Und widerruft er sich nicht zum zweiten
Male, wenn er unmittelbar darauf noch der Vermutung
Raum gibt[31], der privatrechtliche Begriff des mutuum
sei aus dem staatsrechtlichen tributum, als dem mutuum
des öffentlichen Rechts, entwickelt worden? Also doch
nicht aus der Fremde eingeführt?

„Der Mann hat Geld von mir und gibt es mir nicht
wieder": diese Klage des Darleihers ist eine, ich möchte
sagen, so unmittelbar zu Herzen gehende, die Gerechtig-
keit seines Verlangens eine auch dem ungebildetsten
Verstande so ohne weiteres einleuchtende, nicht weniger
einleuchtend als die Klage und das Verlangen des Be-
stohlenen, der von dem urteilenden Richter zu erforschende
Tatbestand bei alledem ein so überaus einfacher, daß
man kühnlich sagen kann: nächst der Klage des Be-
stohlenen gegen den Dieb gehört auch die des Darleihers
gegen den Empfänger zum ältesten Bestande nicht nur
des römischen, sondern überhaupt eines jeden Rechts,
und das formlose Gelddarlehn ist darum so alt, wie
der Gebrauch des Geldes überhaupt. Die Verpflichtung
dessen, der g e n o m m e n, und die Verpflichtung dessen,
der b e k o m m e n hat, sind beide gleich leicht auf die
Welt gekommen. Wer dagegen, ohne etwas genommen
oder bekommen zu haben, nur v e r s p r o c h e n hat,
dessen Verpflichtung, sie ganz allein, hat allerdings mit
der Zange geholt werden müssen, und diese Zange war
die Form. Wer nur versprechen wollte, der mußte gleichsam durch einen besonderen Zauber an sein Wort gebunden werden.

---

[31] A. a. O. Anm. 2.

In der Tat sehen wir denn auch, wie schon das älteste Denkmal germanischen Rechts, vom Formalismus beherrscht wie das älteste römische und einer noch älteren Kulturstufe entsprechend als jenes: wie schon die Lex Salica[32] das einfache Darlehen kennt und seine Folgen regelt. Und die Römer, dieses „Rechtsvolk κατ' ἐξοχήν", dessen sicheren Instinkt in allen rechtlichen Dingen man sonst gar nicht genug zu rühmen weiß, diese Römer wären dem formlosen Darlehen gegenüber so von allen guten Geistern verlassen gewesen, daß das Verständnis dafür ihnen erst von Griechen hätte beigebracht werden müssen?

Das ist denn doch so unglaublich, daß man, der Scylla die Charybdis vorziehend, fast noch lieber, sei es auch aller Überlieferung zum Trotz, glauben möchte, im alten Rom hätten nicht die patrizischen Wucherer, sondern die Plebejer und Schuldner das Ohr des Gesetzgebers und des Richters besessen!

Das muß man sich nämlich klar machen: die fünf Zeugen und die ganze Förmlichkeit des vermeintlichen Darlehns per aes et libram sind eine vortreffliche Schutzwehr für den Schuldner, und ein mit solchen Erschwerungen umgebenes Darlehn ist alles andere als kapitalistisch: zumal dann, wenn es im Gegensatz zur echten Lehre Huschkes das einzig mögliche Darlehen ist, und vollends dann, wenn es im Sinne von

---

[32] Cap. LII de rem pristita. Vgl. dazu Geffcken, Lex Salica, S. 102, und die dort angeführten. Vgl. auch v. Amira, Nordgermanisches Obligationenrecht, I, S. 654, II, S. 796.

Mitteis dem Gläubiger keine stärkeren Rechte gibt, als das ganz gemeine mutuum.

Daß aber in der Tat das mutuum dem ältesten Bestande des römischen Rechts angehören muß, dafür hat schon Huschke[33] zwei recht schwerwiegende Gründe vorgebracht. Einmal die Untauglichkeit des Nexums bei „kleinen gelegentlichen Gelddarlehen". „Denn wer wird glauben, sagt er, daß wenn jemand z. B. mit einem Freunde in einen Laden ging, um etwas zu kaufen, und ihm einige sextantes fehlten, der Freund sie ihm in Form des nexum geliehen haben werde?"[34] So müsse also das mutuum von jeher neben dem nexum hergegangen sein. Es müsse aber auch, und damit kommen wir zu Huschkes zweitem Grunde, älter sein als das nexum, da seine älteste Anwendung wahrscheinlich schon vor Einführung des Geldes das Getreidedarlehen gewesen sei: dessen Bedeutung fügen wir hinzu, zur Zeit der reinen Naturalwirtschaft — man denke nur an die Leihe von Saatkorn — gewiß nicht zu unterschätzen ist.

Daß das Darlehn per aes et libram als Mittel freundschaftlicher Aushilfe in der Tat sehr ungeeignet war, betont auch Demelius[35]. Er verweist auf die Komödien des Plautus und zeigt wie hier das mutuum, eben als bloßes Freundesdarlehen, um das man näherstehende

---

[33] Nexum S. 49.

[34] A. a. O. Anm. 54. Wenn also Mitteis a. a. O. S. 110 der Huschkeschen Lehre einen Vorwurf daraus macht, „daß einem aufrechten Mann durch die Rechtsordnung schon beim kleinsten Darlehn die Übernahme einer Exekutivhaftung zugemutet würde", so tut Mitteis Huschke unrecht.

[35] Z. f. Rechtsgeschichte, II, S. 217 f.

Personen angehe, und das gewöhnlich nur auf ganz kurze Frist genommen werde, in scharfen Gegensatz tritt zu dem fenore dare, das lediglich Sache der danistae und des Geschäftsbetriebes auf dem Forum sei, und zu dem man erst schreite, wenn man kein mutuum mehr finden könne[36]. Diese ganz bestimmte Verkehrsfunktion des mutuum, die ihm seine Stelle nicht im Handelsrecht sondern im Verkehr des mitbürgerlichen, nachbarlichen Lebens anweise, spreche aber, sagt Demelius, ganz ent-schieden für sein hohes Alter und gegen die Behauptung Mommsens, daß es erst dem internationalen Handels-verkehr seine Einbürgerung in Rom zu danken gehabt habe. Die Ausführungen von Demelius werden von Rudorff[37] und Karlowa[38] gebilligt.

Einen dritten Grund hat Bekker vorgebracht, der heute allerdings und schon seit Jahren auf seiten der herrschenden Lehre eine besondere Stellung inne hält[39], der aber einstmals sehr eindringlich vor dem Irrtum ge-warnt hat, das nexum für älter zu halten als das ein-fache mutuum. Bekker[40] verweist nämlich auf die bei Aufzählung der bekannten vier Gattungen obligatorischer Kontrakte, re verbis literis consensu, von den Römern

---

[36] Vgl. namentlich Asin., I, 3, 93 ff.
Supplicabo, exopsecrabo, ut quemque amicum videro.
Dignos, indignos adire atque experiri (stat) mihi:
Nam si mutuas non potero, certumst sumam fenore.
[37] Zu Puchtas Institutionen, II, § 272, Anm. d.
[38] Röm. Civilprozeß zur Zeit der Legisaktionen, S. 39;
Röm. Rechtsgeschichte, II, S. 591.
[39] Aktionen I, S. 21 ff., Sav.Z. 23, S. 20.
[40] Loci Plautini de rebus creditis, 1861, S. 24.

ausnahmslos eingehaltene Reihenfolge, und er zieht
daraus den Schluß, die Römer selber hätten von alters-
her die Realkontrakte und die Verbalkontrakte für
die ältesten, und unter diesen beiden die Realkontrakte sicherlich nicht für die jüngeren gehalten;
woraus sich dann weiter ergebe, daß kein obligatorisches
Geschäft sich eines höheren Alters rühmen könne als
das mutuum.

Auf einen vierten Grund endlich, der gewiß nicht
der schlechteste ist, führt uns J h e r i n g[41]. Die Bezeichnungen debitor und creditor, weisen sie nicht ihrer
ursprünglichen Wortbedeutung nach die eine auf einen
der cre-d e d i t also einfach g e g e b e n, die andere auf
einen der de-h a b e t, also einfach b e k o m m e n hat?
Und ist es nicht eine auffallende Erscheinung, daß Ausdrücke, die ursprünglich gewiß nur den Darlehnsgläubiger
und den Darlehnsschuldner bezeichneten, im entwickelten
Recht auf jeden Gläubiger und auf jeden Schuldner
angewendet wurden? Ist diese Erscheinung nicht viel
leicht der stärkste Beweis dafür, daß die Verpflichtung aus
dem einfachen Darlehn in der Tat die älteste Obligation
genannt werden darf? jedenfalls die älteste Kontrakts-
obligation?

Darf sie das aber, dann ist für das Darlehn per aes
et libram in der römischen Rechtsgeschichte kein Raum,
und für das einfach klagbare im Sinne von Mitteis
noch weniger als für das ohne weiteres vollstreckbare
im Sinne Huschkes.

---

[41] Geist II, 2, § 43 Anm. 605.

An diesem Ergebnisse werden wir uns auch dadurch nicht irre machen lassen, daß, was ja nicht zu bezweifeln ist, die Beschaffenheit des ältesten römischen Geldes als eines Wägegeldes den Gebrauch der Wage bei einem jeden Darlehn zur Notwendigkeit machte, und daß um deswillen die Form des Darlehns per aes et libram gar nicht als Form im juristischen Sinn, sondern eben als durch die Beschaffenheit des Geldes von selbst gegeben erscheinen könnte. Ein alter und wie es scheint ebenso unausrottbarer wie unbegreiflicher Irrtum! Kein Geringerer als Savigny[42] war in ihm befangen; Bachofen[43] hat auf ihm seine ganze Theorie aufgebaut; und obwohl schon Bachofens Rezensent v. Gloeden[44] vor diesem Irrtum gewarnt und mit allem Nachdruck darauf hingewiesen hat, „daß jedem Versuch, die Solennität des Nexum aus der ursprünglichen faktischen Notwendigkeit der Wage bei einer Kupferzahlung herzuleiten, die unentbehrlichen fünf Zeugen als ein unübersteigliches Hindernis in den Weg treten": so hat uns jetzt Mitteis[45]

---

[42] Altröm. Schuldrecht, Vermischte Schriften, II, S. 408.

[43] Nexum S. 2 ff.

[44] Krit. Jahrb. von Richter u. Schneider, 9. Jahrg., 1845, S. 412. Vgl. auch S. 396.

[45] Sav.Z. 22, S. 103. Röm. Privatrecht, I, S. 258. — Demselben Irrtum entsprungen ist auch eine von Mitteis, Röm. Privatr., I, S. 275, Anm. 38, gebilligte vermeintliche Entdeckung Eiseles zur actio depensi. Eisele, Beiträge zur röm. R.G., S. 25 ff., hat nämlich aus dem Namen der actio depensi gefolgert, daß die Zahlung des sponsor in aller Form per aes et libram habe erfolgen müssen, und daraus hat er dann die dem sponsor zustehende manus iniectio erklärt. In Wahrheit folgt aber aus dem Namen weiter nichts, als was wir ohnehin wissen, daß die actio depensi schon zur Zeit des Wägegeldes anerkannt war.

doch wieder in die Lage versetzt, längst Widerlegtes
aufs neue zurückweisen zu müssen. Die Zeugen, meint
Mitteis, seien ja nur des Beweises wegen vorgeschrieben.
Sollte das aber nicht auf einen Wortstreit hinauslaufen?
Daß die Zeugen vorgeschrieben sind, auch bestimmten
Anforderungen genügen und mindestens ihrer fünf sein
müssen, daß sie mit einem Wort, wie auch Mitteis
schließlich selber anerkennt[46], Solennitätszeugen sind:
wenn alles das ihre Zuziehung nicht zur Formalität
stempelt, dann weiß ich nicht, was Formalitäten sind.
Und selbst wenn sie es nicht wären, so bliebe immer
noch die Wortformel, die bei Vornahme des Geschäfts
zu sprechen war, und von der Mitteis wiederum selber
anerkennt, daß sie etwas Formales sei. Mitteis' Behauptung aber[47], „daß die alte Zeit formlose Geschäfte
eben nicht kennt", ist doch wieder nichts als eine Behauptung. Wie ist es denn mit dem Getreidedarlehn,
dem zweifellos ältesten Fall des Darlehns, wie wir doch
wissen? Hat man je davon gehört, daß Zeugen und
feierlich gesprochene Worte dazu nötig gewesen wären?
Oder denkt vielleicht auch hier einer an die Notwendigkeit der Wage? Der erinnere sich freundlichst der
formula der condictio triticaria, die ihm sagen mag,

Würde man nicht sonst mit demselben Recht aus dem Wort
impensae folgern können, daß die Aufwendungen nur per aes et
libram gemacht zu werden brauchten, um dem Aufwendenden
eine actio impensarum, auch in Form der manus iniectio, zu
verschaffen?

[46] Röm. Privatrecht, I, S. 258, Anm. 6. Vgl. auch Sav. Z. 22,
S. 103.

[47] Sav. Z. 22, S. 103.

daß in Rom das Getreide nicht nach dem Gewicht sondern nach dem Hohlmaß bestimmt zu werden pflegte.

Und nun fehlt uns nur noch ein zweiter Huschke, der als neueste rechtsgeschichtliche Entdeckung uns das Darlehn per triticum et modium beschert!

III.

DIE XII TAFELN.

Zu dem nämlichen Ergebnis, daß es ein Darlehnsnexum niemals gegeben hat, kommt, wie schon gesagt,
auch L e n e l. Aber er gelangt dahin auf anderem Wege,
indem er die angeblichen Quellenzeugnisse für die Ge-
schichtlichkeit des Darlehns per aes et libram, soweit sie
nicht schon durch Mitteis abgetan schienen, einer neuen,
eindringenden Prüfung unterzieht: wobei sich denn
herausstellt, daß sie das, was man bisher in ihnen zu
finden glaubte, gar nicht enthalten.

Im einzelnen freilich bleibt noch manches richtig
zu stellen.

Beginnen wir, Lenel folgend, mit dem ältesten
Zeugnis, das wir haben, dem bekannten XII Tafelsatz[48]:

Cum nexum faciet mancipiumque uti lingua nuncupassit ita ius esto.

Verstand bisher alle Welt unter nexum das Darlehn
per aes et libram und unter mancipium die Mancipation,
und liegt es auch in der Tat nahe genug, bei nexum

---

[48] Festus s. v. nuncupata pecunia, Bruns, Fontes, leg. XII
tab. VI, 1.

um seiner Wortbedeutung willen an ein obligatorisches
Geschäft zu denken, so erklärt jetzt Lenel[49] eine solche
Deutung für ganz unmöglich. Er verweist auf den „all-
bekannten späteren Sprachgebrauch" des Wortes nexum
namentlich bei Cicero, bei dem das Wort in der Tat
nicht selten vorkommt, und der es technisch geradezu von
der Mancipation gebraucht:

> top. 5, 28: alienatio est eius rei quae mancipi est
> aut traditio alteri nexu aut in iure cessio;
>
> paradoxa 5, 1, 35: mancipia quae sunt dominorum
> facta nexo aut aliquo iure civili;
>
> ad fam. 7, 30, 2: cuius quoniam proprium te esse
> scribis mancipio et nexo;
>
> de harusp. resp. 7, 14: multae sunt domus in hac
> urbe . . . iure privato, iure hereditario, iure auc-
> toritatis, iure mancipii, iure nexi[50];
>
> de oratore 1, 38, 173: in causis centumviralibus
> in quibus usucapionum, tutelarum, gentilitatum,
> agnationum, adluvionum, circumluvionum, nexorum,
> mancipiorum . . . iura versentur.
>
> de re publ. 1, 17, 27: cui soli vere liceat omnia non
> Quiritium sed sapientium iure pro suis vindicare,
> nec civili nexo sed communi lege naturae;
>
> pro Murena 2, 3: in eis rebus repetendis, quae
> mancipi sunt, is periculum iudicii praestare debet,
> qui se nexu obligavit;

---

[49] Sav.Z. 23, S. 86 ff.

[50] Vgl. dazu Huschke, Nexum, S. 181, Anm. 269: „Alles
dieses ist nur rednerische Wortfülle für Bezeichnung derselben
Sache."

pro Caecina 35, 102: Sulla ipse ita tulit de civitate, ut non sustulerit horum nexa et hereditates.

Derselbe Sprachgebrauch ferner bei Frontinus 2, 36: stipendiarios [agros] qui nexum habent. Womit ohne Zweifel gemeint ist, daß sie nec mancipi sind. Ferner bei Gaius 2, 27: provincialis soli nexum non esse. Womit ohne Frage dasselbe gemeint ist wie in der vorigen Stelle, und wo zugleich auch — die Stelle ist leider verstümmelt, aber die Worte aliter enim veteri lingua lassen es vermuten — das Wort nexum in der Bedeutung von Mancipation für veraltet erklärt zu werden scheint. Derselbe Sprachgebrauch endlich auch bei Boëthius zu Cicero top. 5, 28:

> Mancipi res veteres appellabant, quae ita aba·
> lienabantur, ut ea abalienatio per quandam nexus
> fieret solennitatem. Nexus vero est quaedam iuris
> solennitas, quae fiebat eo modo quo in Institutioni-
> bus Gaius exponit. Eiusdem autem Gai primo
> libro Institutionum de nexu faciendo haec verba
> sunt: Est autem mancipatio etc.

Wo denn nicht nur das Wort sondern auch die Sache selber als Antiquität erscheint.

Man bedenke, sagt Lenel, welche Unwahrscheinlich· keit wir glauben sollen. „Die Decemvirn würden das Wort nexum ... zur Bezeichnung eines rein obligatorischen Geschäfts gebraucht und müßten dabei auf das Ver· ständnis ihrer Zeitgenossen gerechnet haben. Es müßte also damals ein fester Sprachgebrauch bestanden haben,, und dieser Sprachgebrauch müßte sich, wenn er je schwankte, durch die gesetzliche Sanktion für alle Zeit befestigt haben. Eben diese ursprünglich so klare Unterscheidung aber soll in den späteren Zeiten dem Bewußtsein gänzlich entschwunden sein, obwohl doch juristische Unterscheidungen sich mit dem Fortschreiten der Jurisprudenz sehr natürlich zu verschärfen, nicht zu verwischen pflegen; und wir sollen uns vorstellen, daß während die Zwölf Tafeln das obligatorische und das dingliche Geschäft klipp und klar auseinanderhielten, späterhin in einem Zeitalter, das bereits juristisch denken gelernt hatte, dem der Gegensatz zwischen Obligation und dinglichem Recht längst in Fleisch und Blut übergegangen war ..., die technischen Bezeichnungen bunt durcheinanderflossen!"

Hier kann man in der Tat jedes Wort unterschreiben. Um so bedenklicher ist es aber, wenn Lenel[51] dann zu dem Schlusse kommt, nexum mancipiumque sei in Wirklichkeit eine Doppelbezeichnung, hinter der sich ein einziges Geschäft verberge, das kein anderes sein könne als die Mancipation. Die Worte nexum und mancipium, mochten sie auch in späterer Zeit jedes für sich allein die Mancipation bezeichnen, bezogen sich doch ursprünglich, meint Lenel, je nur auf einen Bestandteil der Mancipation. Und zwar sei mancipium seinem Wortsinn gemäß ursprünglich nur das zur Mancipationshandlung gehörige Ergreifen der Sache, das manu capere, nexum dagegen das was in der Mancipationshandlung sonst noch enthalten sei, das

---

[51] A. a. O. S. 93 f., 95 f.

Hantieren mit Kupfer und Wage. Nexum bedeute die
Verstrickung, den juristisch „bindenden" Akt als solchen;
und da nun in der alten Zeit das juristisch bindende
Moment in dem förmlichen Zuwägen des Kupfers gefunden wurde, so habe man unter nexum eben dieses
Zuwägen verstanden[52]. Der Ausdruck nectere sei nämlich von den älteren Römern nicht in dem Sinne von
obligare, sondern ganz wie bei uns der Ausdruck „binden",
in einem weiteren Sinne gebraucht worden. In diesem
weiteren Sinne habe dann aber jedes Geschäft per aes et
libram ein nexum enthalten, wie ja auch Aelius Gallus in
einer Stelle, die uns noch beschäftigen wird, sogar die
nexi liberatio unter den Begriff nexum einordne. „Wollten
daher die Decemvirn das Rechtsgeschäft'‚' das späterhin
Mancipation hieß, zweifelsfrei kennzeichnen, so genügte
dafür weder das Wort nexum noch das Wort mancipium,
man mußte beide verbinden und sagen: cum nexum
faciet mancipiumque: „wenn einer Wägegeschäft und Zu-
griff vornimmt."

Diese Lenelsche Auffassung hat einigermaßen Zu-
stimmung bei Schloßmann[53] und W. Stintzing[54],
im übrigen aber allgemeine Ablehnung gefunden. Treffend

---

[52] So schon Huschke, Studien des röm. Rechts, I, 1830,
S. 295, Anm. 120: „Will man es genau nehmen, so ist die Definition quodcumque per aes et libram geritur (bei Festus s.
v. nexum) vollkommen richtig; denn sie bezeichnet auch bei
der Mancipation nur den Teil des Akts, welcher in der Zuwägung des Geldes besteht."
[53] Altrömisches Schuldrecht und Schuldverfahren, S. 30 ff.
[54] Nexum mancipiumque und mancipatio, S. 11.

hat ihr Kübler[55] die Frage entgegengehalten, warum
denn mancipiumque von dem angeblich so eng mit ihm ver-
bundenen nexum durch faciet getrennt sei? Derselbe hat
ferner auf die ganz entsprechende Wortstellung in einem
anderen XII Tafelsatze verwiesen: si quis occentasset sive
carmen condidisset, quod infamiam faceret flagitiumve
alteri. Und auch darin muß man Kübler[56] gegen Lenel recht
geben, „daß wenn mit den beiden Worten nexum und
mancipium ein einziges Rechtsgeschäft hätte bezeichnet
werden sollen, dafür gewiß das Asyndetum nexum mancipium gewählt worden wäre", entsprechend emtio venditio, locatio conductio. Und wie war es denn, fügen
wir als drittes Bedenken hinzu, mit den Fällen der Mancipation ohne manu capere, mit den Mancipationen von
Grundstücken[57] und servitutes praediorum rusticorum?

Aber bei all diesen Bedenken enthält die Lenelsche
Erklärung doch einen sehr richtigen und überaus wert-
vollen Kern, den wir nicht mit der Schale verwerfen
wollen. Das ist der Gedanke, die älteren Römer hätten
„nectere" nicht in dem Sinne von „obligare", sondern
ebenso wie wir den Ausdruck „binden" in einem weiteren
Sinne gebraucht, „nexum" bedeute, wie gesagt, die Verstrickung, den „juristisch bindenden Akt" als solchen.
Erst durch diesen Gedanken werden wir den Alb der
herrschenden Lehre, die sich zum guten Teil auf jener
Wortbedeutung aufbaut, gänzlich los. Und in der Tat

---

[55] Sav.Z. 25, S. 268.
[56] A. a. O. S. 270, Wochenschrift f. klass. Philologie, 1904,
Sp. 181.
[57] Gai. 1, 121.

bedarf es nur einer leisen Änderung, um auf Grund dieses
Lenelschen Gedankens zu einer annehmbaren Erklärung
der XII Tafelstelle zu gelangen. Doch müssen wir zu
diesem Zwecke etwas weiter ausholen.

Gaius 1, 119 ff. schildert uns die Mancipation bekanntlich als eine imaginaria venditio, bei der nur der
Form halber, quasi pretii loco, ein wertloses Stück
Kupfer übergeben wurde, mit dem man vorher, ebenfalls
der Form halber, an eine kupferne Wage geschlagen
hatte. Und bekanntlich bemerkt Gaius dazu, diese
Förmlichkeit habe ihren Grund darin, daß in alter Zeit
nur Kupfergeld im Gebrauch gewesen sei, das nicht wie
die späteren Gold- und Silbermünzen gezählt, sondern
gewogen wurde.

Davon daß die Mancipation jemals eine andere Gestalt gehabt hätte, weiß Gaius nichts.

Die herrschende Lehre weiß es besser. Ursprünglich, so lehrt man uns und Gaius, wurde statt des wertlosen Kupferstücks der wirkliche Kaufpreis in so und so
viel Pfunden Kupfers in aller Form dem Verkäufer zugewogen; und erst als infolge der Einführung des Silber-
geldes die Zahlung des wirklichen Kaufpreises aus der
förmlichen Handlung hinausverlegt werden mußte,
schwand diese zu dem zusammen, als was Gaius sie uns
darstellt.

Nun sollte aber doch, wer sich anschickt uns darüber
zu belehren, wie man in alten Zeiten von der Wage
Gebrauch machte, vor allem selber wissen, wie man
heute mit diesem alltäglichen und doch so altehrwürdigen
Geräte umzugehen pflegt. Ist es aber nicht in der Tat

ein über die Maßen umständliches, ist es nicht ein
geradezu unmögliches, der Gepflogenheit des praktischen
Lebens aller Zeiten ins Gesicht schlagendes Verfahren,
wenn Bechmann[58] sich die ursprüngliche Gestalt der
Mancipation folgendermaßen vorstellt? Pfund für Pfund
soll der Käufer dem Verkäufer den in rohem Kupfer
bestehenden Kaufpreis zugewogen und zugezählt haben:
„erstes Pfund, zweites Pfund ... letztes Pfund"! Bechmann folgert das aus dem Formular der solutio per aes
et libram, das nach Gaius 3, 174 mit den Worten
schließt: hanc tibi libram primam postremamque expendo.
Hat man aber jemals gesehen, daß einer nicht nach
Möglichkeit die ganze Menge, die er abzuwiegen hatte,
auf einmal in die Schale getan, oder wenn das nicht
anging, nicht jedenfalls so viel hinein getan hätte, als die
Schale zu fassen und die Gewichte aufzuwiegen imstande
waren? Und auch abgesehen davon: wie will man es an-
fangen, so und so viel Pfund Kupfer Pfund für Pfund
abzuwiegen, wenn man nicht ebenso viele genau abgewogene Kupferstücke von je einem Pfund in Bereit-
schaft hat, das Abwägen also in der Tat ganz über-
flüssig ist?

Nun wird man sagen: wenn nicht in dieser, dann
in irgend einer anderen, dem praktischen Leben mehr
entsprechenden Form! Die Sache ist aber überhaupt
die, daß, wie schon Keller[59] und Leist[60] richtig
empfunden, aber nicht mit der wünschenswerten Kraft

[58] Kauf, I, S. 77.
[59] Institutionen, S. 32.
[60] Mancipation und Eigentumstradition, S. 130.

und Deutlichkeit ausgesprochen haben, das ganze um-
ständliche Geschäft des Abwägens in die förmliche Handlung gar nicht hineinpaßt.

Bechmann[61] will das allerdings nicht wahr haben.
Ob die Mancipation denn ein so feierliches Geschäft sei,
daß die Vorgänge des alltäglichen Lebens davon ferne
gehalten werden müßten? Dem Inhalt nach sei sie doch
Kauf; es könne also doch wahrlich nicht unpassend sein,
die wesentlichen Bestandteile dieses Geschäfts auch
wirklich vorzunehmen, wie es etwa ungeeignet wäre,
z. B. in die kirchliche Trauung die Beredung über die
Vermögensverhältnisse der Ehegatten einzuflechten.

Aber davon, daß die Zuwägung des Kaufpreises etwas
der Mancipation Fremdes, nicht dahin Gehöriges wäre,
ist ja gar nicht die Rede! Vielmehr — doch ich will
lieber auch zu einem Beispiel greifen. Nehmen wir dasselbe Beispiel der kirchlichen Trauung. Wie, wenn
nachdem die heilige Handlung bereits begonnen, sich
herausstellt, daß die Ringe vergessen sind, oder daß die
mitgebrachten nicht passen, oder daß die passenden erst
aus einem Dutzend herausgesucht werden müssen? Wird
man nicht sagen: die heilige Handlung hätte besser vorbereitet sein müssen?

Denn das ist es eben: eine förmliche Handlung muß
gehörig vorbereitet sein, so vorbereitet sein, daß sie,
wie man zu sagen pflegt, „klappt".

Gewiß, die Vorschrift über die Mancipation, mochte
sie nun auf altem Herkommen beruhen oder, was ich

---

[61] Kauf, I, S. 76.

nicht für ausgeschlossen halte, auf einem alten, verschollenen Gesetz, hatte den Sinn, daß Ware und Preis
vor den Zeugen ausgetauscht, und daß bestimmte, die
Bedeutung des Vorganges zum Ausdruck bringende Worte
dabei gesprochen werden sollten. Aber konnte man es
denn darauf ankommen lassen, daß sich beim Abwägen
der bereit gelegte Kupfervorrat als nicht ausreichend
herausstellte? daß über Richtigkeit der Wage oder der
Gewichte Meinungsverschiedenheiten entstanden? Wenn
einmal der Erwerber vor den Zeugen erklärt hatte,
„diese Sache ist jetzt mein", so mußte auch dafür ge-
sorgt sein, daß sie es jetzt auch wirklich wurde, daß nicht
die begonnene Handlung unterbrochen oder gar ganz
aufgegeben werden mußte.

Kurz gesagt: damit der Käufer den Kaufpreis Zug
um Zug gegen Empfang der Ware ohne Anstand zuwägen konnte, mußte der Kaufpreis vorher fertig ab-
gewogen sein.

Versteht sich, in Gegenwart des Verkäufers und
derselben Zeugen, die gleich darauf der förmlichen Handlung beizuwohnen berufen waren. Und dann erst, wenn
der abgewogene Kaufpreis von dem Verkäufer und den
Zeugen für richtig befunden und keinerlei Störung mehr
zu erwarten war, dann erst hieß es gewissermaßen:
Stillgestanden! Dann erst erklärte der Käufer, was er
zu erklären hatte, schlug mit dem Kupferstückchen an
die Wage und gab es dem Käufer, ganz so wie Gaius
es uns beschreibt.

Man muß den tiefen und doch so einfachen Sinn
dieses Vorganges nur richtig verstehen. Wenn die Hand-

lung wie beschrieben ihren Anfang nimmt, liegt der
Kaufpreis vor den Augen der Anwesenden fertig ab-
gewogen bereit. Aber damit ist er noch nicht zugewogen! Der Verkäufer darf noch nicht einmal mit
dem Finger daran rühren! Indem nun aber der Käufer
das Kupferstück in die Hand nimmt, versteht sich von
dem abgewogenen Haufen, tritt dieses Kupferstück genau
so an die Stelle des ganzen Kaufpreises, wie im Streit
um Eigen die ausgehobene Scholle an die Stelle des Ackers.
Indem der Käufer mit dem Kupferstück die Wage berührt, will er das Abwägen des ganzen Kaufpreises im
Bilde wiederholen, will er also das, was vorher vor-
bereitend geschehen ist, in die förmliche Handlung als
deren Bestandteil aufnehmen. Indem er schließlich das
Kupferstück dem Verkäufer übergibt, übergibt er damit
den ganzen bereit liegenden Kaufpreis, und macht er —
das ist der Witz des Ganzen — aus dem bloßen Abwägen ein Zuwägen.

Wenn das Kupfer an die Wage klingt, das Eigentum
hin und wieder springt! Die Vorschrift, daß Ware und
Preis Zug um Zug gegeneinander auszutauschen sind, wird
also buchstäblich erfüllt.

So zerfiel denn die Mancipation schon der ältesten
Zeit ganz von selber in zwei Teile: einen unförmlichen,
vorbereitenden, von rein tatsächlicher Art, und einen
ausführenden, die rechtlichen Wirkungen auslösenden,
förmlichen Schlußakt. Dieser Schlußakt hatte aber schon
in der Urzeit in allem Wesentlichen dieselbe äußere Gestalt wie bei Gaius; und diese hätte sich also in der Tat
unberührt von den Wandlungen des Geldwesens durch

die Jahrhunderte hindurch erhalten. Nur daß sie eben zur reinen Form wurde, und daß an Stelle des raudus-culum, des rohen Kupferstückes der Urzeit, das der Erwerber von dem großen Haufen nahm, eine Kupfer-münze trat[62], die man sich wohl gar, wenn man selber keine zur Hand hatte, zu dem Zwecke lieh und nach dem Gebrauch zurückgab[63] [64]. Dagegen auf den vorbereitenden,

---

[62] Varro de l. l. 9, 83: pro assibus nonnumquam aes dicebant antiqui, a quo dicimus assem tenentes: „hoc aere aeneaque libra". Festus s. v. rodus: in mancipando, cum dicitur „rudusculo libram ferito", asse tangitur libra. Gai. 3, 174: deinde asse percutit libram eumque dat ei a quo liberatur. Sueton. Octav. 64: per assem et libram emere. Vgl. auch Theophilus 1, 12, 6; 2, 10, 1.

[63] Vgl. l. 4, D. 13, 6: saepe etiam ad hoc commodantur pe-cuniae ut dicis gratia numerationis loco quis accipiat.

[64] Eine Abweichung möchte ich aber doch als sehr wahr-scheinlich annehmen, nämlich, daß es in alter Zeit nicht ein-fach hieß: hoc aere, sondern z. B.: his mille aeris. Wo es, wie bei der Mancipationsformel, augenscheinlich auf eine mündliche Verlautbarung des ganzen Geschäfts abgesehen war, da gehörte die Nennung des Kaufpreises doch eigentlich auch mit dazu: um so mehr, als die actio auctoritatis auf das duplum des Kauf-preises unmittelbar aus der Mancipation abgeleitet wurde, und dieses duplum sonst, wie Bechmann, Kauf, I, S. 94 bemerkt, ein referens sine relato gewesen wäre. Solange man also keine Mancipationsurkunden kannte, sondern für den Beweis aus-schließlich auf das Gedächtnis der Zeugen angewiesen war, und die darauf berechnete Form der Mancipation wirklich ernst nahm, ist eine Änderung darin jedenfalls nicht wahrscheinlich. Dagegen ein aus gezähltem Silber bestehender Kaufpreis paßte in die ganz auf die Wage zugeschnittene Form schlechterdings nicht hinein; und da mittlerweile die Mancipationsurkunde praktisch zur Hauptsache und die Mancipation schon dadurch zur reinen Form geworden sein mochte, oder doch zu werden drohte, so machte es in der Tat nichts aus, wenn die Angabe des wirklichen Kaufpreises sich jetzt aus der Mancipationsformel in die Mancipationsurkunde zurückzog. Nun hat zwar Huschke,

nicht förmlichen Teil sind jene Wandlungen allerdings
nicht ohne Einfluß geblieben. An die Stelle des Ab-

T. Flavii Syntrophi instrumentum donationis, S. 41, Nexum,
S. 46, Anm. 49, für die Angabe des Kaufpreises noch neben dem
hoc aere einen Beweis zu finden geglaubt in dem auf alle Fälle
sehr merkwürdigen Bruchstück einer Mancipationsformel mit
deductio ususfructus bei Paulus, Vat. fr. 50: „emptus mihi esto
pretio deducto usufructus". Aber das Wort pretio, das hier a n -
statt der Worte hoc aere aeneaque libra zu stehen scheint, kann
doch nicht gut als Beweis dafür dienen, daß das pretium n e b e n
dem hoc aere genannt wurde! Vgl. auch Leist, Mancipation
und Eigentumstradition, S. 183. Und wenn B e c h m a n n, Kauf,
I, S. 188, einwendet, das pretio nehme bei Paulus eine Stelle
ein, wo das hoc aere aeneaque libra gar nicht stehen könnte,
weil nämlich die Preiszahlung nicht anders als zum Schlusse
erfolgen könne, nachdem der Kaufgegenstand vollständig beschrieben und in seinem rechtlichen Umfang festgestellt sei,
dagegen die Preisbestimmung, die keine Handlung sondern
ein Teil der Rede sei, sich unmittelbar an die Sache anschließe
und daher auch mitten in der Formel stehen könne: so sehe
ich nicht ein, warum nicht auch die Preisbestimmung die genaue
Bestimmung des Kaufgegenstandes voraussetzte. Warum lautete
die Formel nicht überhaupt genau so wie bei der in iure cessio:
hunc ego fundum ex iure Quiritium meum esse aio deducto usu-
fructu (vgl. Paulus a. a. O.), und dann, daran anschließend:
isque mihi emptus esto hoc aere aeneaque libra? Die Stelle
ist mit einem Wort nicht recht gesund, und kann dem klaren
und augenscheinlich unverdorbenen Berichte des Gaius gegenüber nicht in Betracht kommen. Vgl. auch Mitteis, Röm.
Privatrecht, I, S. 213, Anm. 32. Allerdings meint Bechmann,
Gaius beschreibe die Mancipation nur in Anwendung auf Fälle,
wo von einem pretium keine Rede sein könne, sondern höchstens
von einem nummus unus, den er der Kürze halber übergehe.
In Wirklichkeit konnte Gaius aber gar nicht deutlicher zum Ausdruck bringen, daß dieselbe Mancipationsformel, so und nicht
anders, bei den verschiedensten Gegenständen dienlich sei, als
indem er seiner Darstellung der Mancipationsform die Erläuterung
hinzufügte: e o m o d o et serviles et liberae personae manci-
pantur; animalia q u o q u e quae mancipi sunt ... item praedia ...
e o d e m m o d o solent mancipari. Dies nur auf die Mancipations-

wägens mußte hier die Zahlung des jetzt in gezähltem
Gelde bestehenden Kaufpreises treten, die so ganz und
gar nicht zu dem nachfolgenden förmlichen Schlußakt
paßte, daß es nicht anging, sie als bloßes Abzählen
anzusehen, das durch Anschlagen des raudusculum an
die Wage im Bilde wiederholt und durch Hingabe des
Kupferstücks zu einem Zuzählen ergänzt worden wäre.
Die Zahlung konnte nur als rechte datio, als Tradition
des Geldes, angesehen werden. Und so hatte sich
denn das, was früher ein den Schlußakt vorbereitender,

---

form im allgemeinen zu beziehen, nicht aber auf ihren wichtigsten
Bestandteil, die Mancipationsformel, ist die reine Willkür! Und
wenn Bechmann a. a. O., S. 189, endlich noch „die urkundlich
erhaltenen Beispiele, wo im Mancipationsformular der nummus
unus ausdrücklich erwähnt wird", als Beweise heranzieht, so
kann man ihm erwidern, daß uns urkundlich keine Mancipationsformulare überliefert sind, sondern nur Mancipationsurkunden,
und daß Mancipationsurkunden und Mancipationsformulare
zweierlei sind. Überhaupt aber kann von einer Nennung des
nummus unus neben dem hoc aere um so weniger die Rede
sein, als ja, wie neuerdings von verschiedenen Seiten (Appleton,
La clause „apochatum pro uncis duabus", S. 16 f., Rabel, Sav.Z.
27, S. 301 ff.) gezeigt worden ist, hoc aes und nummus unus
nicht zweierlei sondern ein und dasselbe sind! Die mancipatio
nummo uno ist weiter nichts als eine Mancipation auf Grund
der Verabredung, daß der Kaufpreis bloß in der wertlosen
Kupfermünze bestehen solle, die ohnehin der Form halber gegeben werden mußte. Auch wird bei dieser Gelegenheit meistens
übersehen (nicht allerdings von Huschke, der die unrichtige
Auffassung des nummus unus zuerst aufgebracht hat; vgl.
T. Flav. Syntr. instr. donat. S. 40), daß der Sesterz zwar ursprünglich von Silber war, daß er aber seit Beginn der Kaiser-
zeit erst aus Kupfer und dann aus Messing (aes Cordubense)
geprägt wurde, und daß er erst dadurch geeignet geworden ist,
ebenso wie vordem das As, bei der Mancipation als hoc aes zu
dienen. Vgl. Hultsch, Metrologie, § 38, 5, Appleton a. a. O.,
S. 17.

rein tatsächlicher Vorgang gewesen war, in ein selbständiges, der Mancipation vorangehendes und für ihre
Wirksamkeit, wie man weiß, unentbehrliches Rechtsgeschäft verwandelt. Doch gehört dies eigentlich schon
nicht mehr hierher.

Unsere Absicht ging nur dahin, zu zeigen, eine wie
treffende Bezeichnung für das, was man später Mancipation nannte, das Wort nexum eigentlich war.

Nectere bedeutet binden, nexum also, wie Lenel
ganz richtig sagt, die Verstrickung, den rechtlich
„bindenden“ Akt als solchen. Was ist aber die Mancipation, so wie wir sie jetzt verstehen, jemals anders gewesen, als der „rechtlich bindende Akt“, durch den
das vorher nur unverbindlich vereinbarte und vorbereitete
für die Parteien „bindend“ gemacht, durch den mit einem
Wort die „Bindung“ herbeigeführt wurde? Und ist nicht
auch nexum, eben weil es schlechthin alle Fälle der
Mancipation deckte, sogar eine viel bessere Bezeichnung
als mancipium, das, genau genommen, nur da geeignet
war, wo ein manu capere wirklich vorkam?

So möchte ich denn schließlich folgendes für wahrscheinlich halten. Von jeher gab es für das, was man
später Mancipation nannte, zwei Bezeichnungen, eine
allgemeine, nexum, für alle Fälle, und eine besondere,
mancipium, nicht für alle Fälle passend, zwischen denen
aber schon früh, sei es schon vor den XII Tafeln, sei
es später, kein Unterschied mehr gemacht wurde. Und
wenn also die XII Tafeln sagen: cum nexum faciet
mancipiumque, so ist das auf jeden Fall, ebenso wie
das proprium esse mancipio et nexo und ähnliche

Wendungen Ciceros, nichts anderes als — das „que" in „mancipiumque" disjunctiv[65] genommen — einfach ein Pleonasmus.

„Denn es ist bekannt genug," bemerkt schon v. Scheurl[66], gerade im Hinblick auf unsere Stelle, „daß in dem alten Gesetzstil häufig gleichbedeutende, oder Ausdrücke, wovon der eine den Begriff des andern in sich schließt, nebeneinander gestellt wurden."

---

[65] Vgl. Kübler, Sav.Z. 25, S. 268 ff.
[66] Vom Nexum, S. 10.

IV.
MANILIUS UND AELIUS GALLUS.

Bei diesem ursprünglichen Sprachgebrauch, nexum gleichbedeutend mit mancipium in dem Sinne von Mancipation, ist es nun aber nicht geblieben. Im Laufe der Zeit entwickelt sich daneben eine weitere Bedeutung. Nexum in diesem weiteren Sinne bedeutet nunmehr jedes Geschäft per aes et libram überhaupt; und nexa im weiteren Sinne sind also jetzt neben der Mancipation auch das testamentum per aes et libram und die solutio per aes et libram.

Dieser neue Sprachgebrauch wird bezeugt durch Äußerungen zweier römischer Juristen aus der Zeit der Republik, des Manilius und des Aelius Gallus, die uns, die eine durch Varro, die andere durch Festus, erhalten sind.

Varro de l. l. 7, 105:

Nexum Manilius scribit omne quod per libram et aes geritur, in quo sint mancipia.

Festus s. v. nexum:

Nexum est ut ait Gallus Aelius, quodcunque per aes et libram geritur, id quod necti dicitur; quo in genere sunt haec: testamenti factio, nexi datio, nexi liberatio.

3*

Die letzte Stelle ist, wie vorweg bemerkt werden muß, auch eins der Beweisstücke der herrschenden Lehre. Während nämlich vordem kein Mensch daran gedacht hatte, unter nexi datio etwas anderes zu verstehen als die Mancipation[68], meinte Huschke[69], nexi datio stehe für nexi aeris datio, und der Jurist habe damit „zugleich das Darlehnsnexum und die Hingabe des Erzes bei der Mancipation", mit anderen Worten zugleich das Darlehnsnexum und die Mancipation bezeichnen wollen. Näher liegt es aber doch wohl, nexum in nexi datio, ebenso wie auch in nexi liberatio, in demselben Sinne zu nehmen, in dem der Jurist es soeben erst erklärt hat. Wörtlich bedeutet nexi datio die Übereignung durch nexum, ebenso wie nexi liberatio die Befreiung durch nexum. Der Genetiv steht da genau so an Stelle des Ablativs[70] wie in verborum und literarum obligatio und sacramenti actio, verglichen mit verbis und literis obligari und sacramento agere[71]. Da aber der Ablativ nexo nach Aelius Gallus dasselbe bedeuten muß, wie aere et libra oder per aes et libram, so ist nexi datio eben die Übereignung per aes et libram, ebenso wie auch nexi liberatio nichts anderes als die Befreiung per aes et libram[72].

---

[68] Vgl. nur v. Savigny, Das altrömische Schuldrecht, Vermischte Schriften, II, S. 411 Anm. 3; Bachofen, Nexum S. 19.

[69] Nexum S. 30 f.

[70] So schon Huschke, Nexum S. 225 f., der diesen guten Gedanken aber leider wieder verwirft.

[71] Gai. 4, 12. 13.

[72] Daß nexi liberatio auch Befreiung vom nexum heißen könnte, wie Mitteis, Röm. Privatrecht, I, S. 141 Anm. 16 unter Berufung auf Wissowa behauptet, soll gewiß nicht be-

Und nun zu unserer Behauptung. Die weitere, durch Manilius und Aelius Gallus bezeugte Bedeutung von nexum, sagten wir, sei jünger als der Sprachgebrauch nexum gleich mancipium in dem Sinne von Mancipation, den wir als den älteren, als den Sprachgebrauch der XII Tafeln erkannt zu haben glaubten. M i t t e i s im Gegenteil scheint jenen für den ältesten zu halten. So schon in seiner Abhandlung [73]. Und in seinem Römischen Privatrecht [74] kommt er dann zu folgendem überaus künstlichem System. Nexum war allerdings von Haus aus ein Kollektivbegriff, aber doch nicht in dem Sinne des Manilius und des Aelius Gallus, wonach es, wie wir wissen, auch das Testament und die nexi liberatio mit umfaßte. Seinem ursprünglichen Umfang nach umfaßte jener Kollektivbegriff vielmehr nur zwei Geschäfte: Darlehn und Mancipation. Später wurde er dann einerseits auf den alten Schuldkontrakt oder die Mancipation spezialisiert, und bildete sich anderseits die erweiterte Bedeutung, die Manilius und Aelius Gallus bezeugen. Nun wissen wir aber jetzt, daß es ein Darlehnsnexum nie gegeben hat, und es bedarf daher nicht noch einmal des Nachweises, daß die Aufstellung von Mitteis unrichtig ist: ganz abgesehen davon, daß sie, wenn

---

stritten werden. Aber vorziehen kann diese Erklärung doch nur, wer das ganz gleich gebildete und daher doch wohl in gleicher Weise zu übersetzende nexi datio bei dieser Gelegenheit übersieht. M i t t e i s a. a. O. S. 140 Anm. 14 bezieht übrigens nexi datio ebenso wie Huschke auf Mancipation und Darlehnsnexum zugleich.

[73] Sav.Z. 22, S. 101. Ebenso schon B a c h o f e n , Nexum S. 6.
[74] I, S. 142 f.

wir ihr nur das Darlehnsnexum streichen, im Ergebnis mit der unseren übereinkommt. Gleichwohl lohnt es sich, dem Grundgedanken nachzugehen, auf dem Mitteis seine Erklärung aufbaut. Nexum, sagt er, bedeutet Bindung. Diese Bindung versteht er aber bald so, bald so. Einmal sagt er, nexum bedeutet von Haus aus das „bindende" oder das „rechtsverbindliche" Geschäft des ältesten Rechts. Danach sollte man meinen, Mitteis halte es mit Bachofen[75] und verstehe unter nexum „jedes zu Recht bestehende Geschäft", jedes Geschäft, das „für die kontrahierenden Parteien verbindlich und als unauflöslich von den Gerichten anerkannt" wird. In diesem Sinne könnte aber überhaupt jedes rechtlich anerkannte Geschäft, könnte z. B. auch die Ehe- schließung, auch wenn sie nicht durch coemptio, also durch mancipatio, erfolgte, ein nexum genannt werden. Bachofen versteht darunter allerdings nur den Kreis vermögensrechtlicher Geschäfte, bei denen eine Zahlungs- leistung, versteht sich mit Erz und Wage, vorgekommen war. Denn an die Tatsache geleisteter Zahlung, an sie allein, meint Bachofen, knüpfte das älteste römische Recht die Gültigkeit des Geschäfts. Nexum in dem Sinne von Bachofen ist also in der Tat jedes rechts- verbindliche Geschäft der ältesten Rechte, genauer des ältesten Vermögensrechts. Aber so hat Mitteis es doch wieder nicht gemeint. Warum brauchte es ihm sonst als eine „Denaturierung des Begriffs" zu erscheinen, wenn Manilius und Aelius Gallus auch das Testament

---

[75] Nexum, S. 7 ff.

und die solutio per aes et libram ein nexum nennen? Sind das etwa keine „rechtsverbindliche" Geschäfte? Wir sehen genauer hin und bemerken mit Erstaunen, daß Mitteis die „Bindung" in Wirklichkeit ganz anders versteht. „Dabei ist gedacht an obligatorische Bindung, eine dingliche gibt es nicht," sagt er[76]. Nexum in dem Sinne von Mitteis ist also in Wirklichkeit nicht das „rechtsverbindliche", sondern das „rechtlich verbindlich machende", das „obligatorische" Geschäft! Wie denn Mitteis auch noch ausdrücklich bemerkt, nexum entspreche hierin dem späteren contractus. Paßt ja auf die Mancipation wie die Faust auf das Auge, wird man sagen! Eine obligatorische Bindung, antwortet Mitteis, „entsteht nicht bloß aus dem Darlehn, sondern auch aus der Mancipation, insofern der Mancipant obligatorisch zur Gewährleistung gebunden wird". Fürwahr ein wunderlicher Gedanke, ein Rechtsgeschäft nach dem zu benennen, was es gewissermaßen nur im Nebenamte ist, und so aus der dinglichen Mancipation einen obligato- rischen Kontrakt zu machen!

Versuchen wir, den Bedeutungswandel des Wortes auf einfachere und natürlichere Weise zu erklären.

Der ursprüngliche, engere Sinn, nexum gleich- bedeutend mit mancipium in der Bedeutung von Manci- pation, verhält sich, sagen wir, zu dem von Manilius und Aelius Gallus bezeugten weiteren Sinne, wie der ursprüng- liche Inhalt der XII Tafeln zu dem, was die Interpretation

---

[76] Römisches Privatrecht I, S. 142. Vgl. auch Sav.Z. 22 S. 102.

der Juristen daraus gemacht hat. Die XII Tafeln kennen
nur das eine Geschäft per aes et libram, das man später
unter dem Namen mancipatio kannte, und sie nannten
es nexum oder mancipium. Die Jurisprudenz kannte
daneben noch das testamentum per aes et libram und
die solutio per aes et libram, und es lag nun wirklich nahe
genug, von den beiden gleichbedeutenden Ausdrücken
des Gesetzes nur noch den einen auf das Besondere,
den anderen dagegen auf das Allgemeine zu beziehen.
Und da mancipium seiner besonderen „Handgreiflichkeit"
wegen das Besondere, die Mancipation, auszudrücken
schien, so nahm man nexum für das Allgemeine: wodurch natürlich nicht ausgeschlossen war, daß der alte
Sprachgebrauch, nexum gleichbedeutend mit mancipium,
sich noch bis zu Cicero und darüber hinaus erhalten konnte,
ja vielleicht doch noch langlebiger gewesen ist als der
neuere.

Daß nun in der Tat das testamentum per aes et
libram eine Schöpfung nicht der XII Tafeln, sondern
ihrer Ausleger war, brauchen wir nicht zu beweisen.
Ebensowenig, daß es eigentlich nur eine Anwendung
der Mancipation, also schon ein nexum in dem alten,
engeren Sinne war. Anderseits ist es aber wohl zu be-
greifen, wenn wir das Testament, gewissermaßen los-
gerissen von der Nabelschnur, als selbständiges Rechtsgeschäft neben die Mancipation gestellt und nur noch
als ein nexum in weiterem Sinne angesehen finden.

Nun aber die solutio per aes et libram! Die wäre
nur ein Erzeugnis der Jurisprudenz? Allgemein gilt sie
doch heute für uralt!

Eintönig und unermüdlich, wie das Lied der Cicade, schallt uns, fast möchte man sagen von jedem Blatt, aus jedem Buche und aus jeder Sprache, dieselbe Lehre entgegen. Eine Verbindlichkeit, die in einer bestimmten Form eingegangen worden ist, sei es per aes et libram, sei es verbis, sei es literis, konnte im ältesten römischen Recht, so lehrt man uns, gar nicht durch einfache, formlose Zahlung getilgt werden; es mußte eine Form dabei beobachtet werden, und zwar eine solche, die der Form der Eingehung der Verbindlichkeit genau entsprach. Man nennt das das Gesetz der Korrespondenz der Formen. Danach konnte also eine per aes et libram eingegangene Schuld auch nur unter Anwendung von Erz und Wage und unter Ansprechung feierlicher Worte getilgt werden. Und zwar geschah das ursprünglich in der Weise, daß das Geld dem Gläubiger wirklich zugewogen wurde; später nach Einführung des Zählgeldes so, daß zu der formlosen Zahlung die imaginaria solutio hinzutrat. War die Schuld verbis eingegangen, so mußte zur formlosen Zahlung eine verbale Quittung, die acceptilatio, hinzukommen. Die solutio per aes et libram und die acceptilatio, beide dem Gaius nur noch als imaginariae solutiones ohne begleitende wirkliche Zahlung, als die den betreffenden Schuldverhältnissen eigentümlichen Formen des Erlaßvertrages bekannt, waren also ursprünglich — warum sollten wir das auch nicht besser wissen als Gaius! — die diesen Schuldverhältnissen eigentümlichen Formen der wirklichen solutio. Zu bloßen imaginariae solutiones sind sie erst zusammengeschwunden, nachdem auch die einfache, formlose

Zahlung als schuldtilgend anerkannt worden war: ein
Ereignis, über dessen Datierung die Vertreter der
herrschenden Lehre verschiedener Meinung sind. Ist
nämlich der eine vorsichtig genug, das Gesetz von
der Korrespondenz der Formen in dem Nebel der
Vorgeschichte, in dem er es auftauchen sieht, auch
wieder verschwinden zu lassen[77], so verlegt ein anderer
den großen Fortschritt in die Zeit des Q. Mucius Scaevola[78], ein dritter endlich, der kein geringerer ist als
Mommsen[79], gar in die Zeit gegen Claudius Tod! So
lange wäre also bei jeder Zahlung, wenn die Schuld nur
eine Stipulationsschuld war, wäre namentlich bei jeder
Zinsenzahlung, eine Acceptilation erforderlich gewesen!
Und wehe dem Schuldner, der bei der Zahlung die
Hauptsache, die ja nicht das Geld war, sondern die
Acceptilation, vergessen hatte!

Mit diesem angeblichen Gesetz von der Korrespondenz der Formen und der daraus gefolgerten Unwirksamkeit unförmlicher Zahlung verhält es sich nun aber
genau so, wie mit der vermeintlichen ausschließlichen
Herrschaft des Formalismus bei Eingehung von Obligationen und der daraus gefolgerten Unverbindlichkeit
des formlosen Darlehns im ältesten Recht. Huschke[80],
der doch in der Ausgrabung der unglaublichsten Rechts-
fossilien das Unmögliche geleistet hat, und dem doch

---

[77] Vgl. Erman, Römische Quittungen und Solutionsacte
S. 79. Vgl. aber auch S. 75, 82.

[78] Fitting, Correalobligationen S. 46 Anm.

[79] Hermes XII S. 109. Vgl. auch Voigt, Jus naturale III,
S. 339 f.

[80] Nexum S. 224.

alles daran gelegen sein mußte, aus der nexi liberatio
ebenso wie aus dem nexum selber etwas Rechtes zu
machen: Huschke weiß davon noch nichts! „Dieselben Aufhebungsgründe der Obligationen, sagt er,
welche auf dem allgemeinen Recht der Obligationen
und Solutionen beruhen," also namentlich die Zahlung,
mußten auch von den nexi obligationes gelten.
Auch v. Savigny[81], wenn er gleich der Meinung ist,
daß die solutio per aes et libram ursprünglich keine
bloß „symbolische", sondern eine wirkliche Zahlung gewesen sei, meint dies doch nur deshalb, weil ihm der
Gebrauch der Wage lediglich durch die Natur des Wägegeldes geboten erscheint, und er die Gegenwart der
Zeugen und was sonst noch dazu gehört außer acht
läßt[82]. Und wiederum scheint es der Einfluß Mommsens gewesen zu sein, der auch dieser Lehre zur allgemeinen Anerkennung verholfen hat. Es gibt eben,
wie man sieht, auch ein Gesetz von der Korrespondenz
der Irrtümer!

Ehe wir uns jedoch anschicken, den hier vorliegenden
Irrtum aufzudecken, erscheint es geboten, einem neu
auftauchenden Einwande, oder sei es auch nur einer Frage,
zu begegnen, die zwar nicht unseren bisherigen ge-
sicherten Ergebnissen, wohl aber einem in diesem Augenblick nicht ganz sattelfesten Leser Schwierigkeit bereiten
könnten.

Die solutio per aes et libram, mag sie nun einstmals eine wirkliche Zahlung oder aber allezeit nur eine

---

[81] Verm. Schr. II S. 408 ff.
[82] S. oben S. 16.

imaginaria solutio gewesen sein, ist, wie wir wissen und soeben wieder gehört haben, eine besondere Form zur Aufhebung einer nexi obligatio: si quid eo nomine debeatur quod per aes et libram gestum sit, wie Gaius 3, 173 sagt. Sind denn aber, könnte einer fragen, wenn die Obligation aus dem Darlehnsnexum in das Reich der Fabel verwiesen ist, überhaupt noch nexi obligationes denkbar? Und hat nicht Kübler[83] neuerdings geradezu behauptet, es gebe für die Erklärung dieser Anwendung der solutio per aes et libram „gar keine andere Möglich-keit als die Annahme eines per aes et libram bewirkten Darlehns"?

Wirklich gar keine andere Möglichkeit? Doch nur dann, wenn man, wie Kübler tut, sich selber jede Möglichkeit verbaut! Kübler hat den Bericht des Gaius 3, 173 ff. vollständig mißverstanden. Gaius gebe drei Anwendungsfälle an, sagt er: 1. si quid eo nomine debeatur quod per aes et libram gestum sit; 2. si quid ex causa iudicati causa debeatur; 3. das Damnationslegat. Aber wo steht in § 173, da wo Gaius die Fälle auf-zählt, ein Wort vom Damnationslegat? Gaius nennt dort lediglich diese zwei: die Libralschuld und die Judikatschuld. Dann, in §§ 174 und 175, kommt er auf die Formeln; und zwar gibt er in § 174 zunächst die Formel für die Aufhebung der Judikatschuld, darauf in § 175 die Formel für Aufhebung der Schuld aus dem — Damnationslegat, gewiß. Aber kann denn ein Zweifel darüber sein, daß ein Damnationslegat

---

[83] Sav.Z. 25 S. 246 f.

eo nomine debetur quod per aes et libram gestum est? daß Gaius damit nur den wichtigsten Fall einer solchen Schuld hat herausgreifen wollen [84]? Ist etwa das Testament, dem die Damnationslegatschuld entspringt, kein gestum per aes et libram? Daß die Berufung darauf den Eindruck der Künstelei mache, wie Mitteis [85], allerdings in anderem Zusammenhang, behauptet, vermag ich schlechterdings nicht einzusehen. Und wieso die Berufung darauf sogar nachweislich falsch sein soll, „weil das Damnationslegat unzweifelhaft auch aus einem Komitialtestament stammen konnte", verstehe ich erst recht nicht. Denn selbstverständlich hatte Gaius nur die Testamentsform im Auge, die seinerzeit in Geltung war. Wie denn überhaupt derselbe Grund, daß Gaius selbstverständlich nur das Recht seiner Zeit im Auge hatte, für sich allein genügt, um Kübler zu widerlegen. Als geltendes Recht sollte Gaius einen Fall erwähnt haben, der schon seit fünfhundert Jahren — so viele waren doch damals seit der lex Poetelia verflossen! — nicht mehr vorkommen konnte [86]?

Die nexi obligatio aus dem Damnationslegat ist aber auch, wie schon angedeutet, keineswegs die einzige

---

[84] Vgl. auch Huschke, Nexum S. 212 f., 233 f.; Erman, Römische Quittungen S. 38; Lenel, Sav.Z. 23, S. 90.

[85] Röm. Privatrecht I, S. 274 f.

[86] Vgl. auch Lenel, Sav.Z. 23, S. 90. — Karlowa, Rechtsgeschichte II, S. 560, findet gleichwohl bei Gaius 3, 173 allen Ernstes den Beweis dafür, daß das von der lex Poetelia angeblich nicht abgeschaffte, sondern nur seiner strengen Wirkung entkleidete Darlehnsnexum zu Gaius' Zeit „theoretisch noch als fortbestehend" angesehen wurde! Ebenso Girard, Manuel élémentaire S. 191 Anm. 3.

ihrer Art. Bei Cicero pro Murena 2, 3, der einzigen
Stelle, wie Lenel[87] treffend bemerkt, in der eine Obligation ausdrücklich auf ein nexum zurückgeführt wird,
ist noch von einer anderen Obligation der Art die Rede:

> in iis rebus repetendis quae mancipi sunt is peri-
> culum iudicii praestare debet qui se nexu obli-
> gavit.

Gemeint ist ohne alle Frage die obligatio auctoritatis, die als aus der Mancipation entspringend ebenso
ohne alle Frage eo nomine debetur quod per aes et
libram gestum est[88]. Ja, es gibt sogar noch eine dritte
Obligation der Art: die von Paulus 2, 17, 4 genannte
actio de modo agri[89].

Auf alle diese Forderungen aber, versteht sich soweit sie auf Geld gerichtet sind, und nur auf sie allein,
bezieht sich eine Stelle des Festus, s. v. nexum aes, die
man auch ganz unnötigerweise auf das Darlehnsnexum
bezogen hat[90]:

> Nexum aes apud antiquos dicebatur pecunia quae
> per nexum obligatur.

Kehren wir nunmehr zu dem Gesetz von der
Korrespondenz der Formen und der daraus gefolgerten
Unwirksamkeit formloser Zahlung im älteren Recht
zurück, die unserer Behauptung über das Altersverhältnis
der engeren und der weiteren Bedeutung von nexum

---

[87] Sav.Z. 23 S. 89.
[88] Vgl. auch Huschke, Nexum S. 171 ff., besonders Anm.
258 a. E.
[89] Vgl. Huschke a. a. O. S. 174 Anm. 262.
[90] Vgl. Lenel a. a. O. S. 89 f.

im Wege zu stehen scheinen. Wenn wir da nun vor
allen Dingen nach den Beweisen fragen, die man für
jenes angebliche Gesetz vorbringt, so ist gerade der
Beweis, der vielleicht von allen der überzeugendste gewesen wäre, der vergleichende Hinweis auf andere
Rechte, bisher überhaupt nicht versucht worden. Ich
habe auf den mir zugänglichen Gebieten namentlich des
deutschen Rechts nichts derart gefunden. Danach zu
suchen ist aber auch nicht meine Sache, sondern deren
so die Beweislast haben.

Was dagegen wirklich an Beweisen vorgebracht
wird, das ist, von einer handvoll mißverstandener Quellenstellen abgesehen, so viel wie nichts. Mommsen[91]
findet die Sache einfach „unzweifelhaft", und damit
Punktum. Bei Erman[92] kann man wenigstens an der
Feinheit seine Freude haben, mit der er dem Satze
ex nihilo nihil zu trotzen und aus dem nichts etwas
zu machen versteht. Auch wenn die Vermutung der
einstigen Unwirksamkeit unförmlicher Zahlung des äußeren
Anhalts entbehre, meint Erman, so scheine sie dennoch
weniger gewagt als die Behauptung, es sei von Anfang
an so gewesen wie im klassischen Recht: dem Schein
nach bloße Abwehr, beruhe sie doch auf zwei unwahrscheinlichen oder wie Girard[93], diesen Gedanken noch
überbietend, sagt, „bizarren" Voraussetzungen.

Als die eine dieser unwahrscheinlichen, wenn
nicht gar bizarren, Voraussetzungen wird uns die

---

[91] Hermes XII (1877) S. 109.
[92] Römische Quittungen S. 79 ff.
[93] Manuel élémentaire, S. 669 Anm. 3.

genannt, daß dieselben Juristen, denen die Schuldverhältnisse unter dem Bilde des Bindens erschienen, die
in dem Bilde liegende Idee der entsprechenden Lösung
nicht gehabt haben sollten. Aber, ganz abgesehen
davon, daß, wenn wir nur im Bilde bleiben, gar mancher
Knoten durch einen einfacheren Handgriff zu lösen als
zu knüpfen ist, von Alexanders Säbelhieb gar nicht zu
reden: so ist das Recht doch nimmermehr das bloße
Erzeugnis eines freien Spiels der Phantasie, wie etwa
ein Reigentanz oder ein Teppichmuster, in denen die
Symmetrie herrscht und die Wiederholung! Jedes Recht,
jedenfalls jedes „gewachsene" Recht, ist das Ergebnis
des Ringens und Sichkreuzens mannichfacher Kräfte und
Interessen, und sein Antlitz ist daher notwendigerweise,
wie das der Erde, unsymmetrisch.

„Der Gläubiger hat sein Geld und kann zufrieden
sein": diese Antwort des beklagten Schuldners ist auch
eine dem ungebildetsten Verstande so ohne weiteres
einleuchtende, der von dem urteilenden Richter zu erforschende Tatbestand gleichfalls ein so überaus einfacher, daß es denn doch über die Maßen unwahrscheinlich ist, die nüchternen und praktischen Römer hätten
lediglich unter dem Eindruck von Bildern und aus reiner
Freude am Formenkram den Schuldner bei Rückzahlung
des Darlehns in ebenso unvernünftiger Weise beein-
trächtigt, wie sie ihn nach der Lehre vom Darlehn per
aes et libram bei dessen Eingehung begünstigt haben
sollen. Und um was dafür einzutauschen? Doch wohl
die Notwendigkeit, dem Schuldner, der formlos gezahlt
hatte, eine Klage auf Befreiung, und wenn der Gläubiger

klagte eine Einrede zu gewähren! Wer wird aber im Ernst behaupten wollen, daß für ein einfaches Recht vom Schlage des ältesten römischen der einfache und gerade Weg, die Befreiung des Schuldners durch seine Leistung, nicht der wahrscheinlichere wäre [94]?

Erman findet es ferner unwahrscheinlich, daß in den Anfangszeiten römischer Rechtsentwicklung erfüllungslose Obligationsaufhebungen in dem Sinne, wie Gaius die solutio per aes et libram und die acceptilatio darstellt, so häufig vorgekommen wären, daß sich gewohnheitsrechtlich besondere Akte dafür ausbilden konnten. Aber daß die solutio per aes et libram den Anfangszeiten römischer Rechtsentwicklung angehöre, ist ja gerade das, was wir bestreiten, und die große Unwahrscheinlichkeit, die gegen uns sprechen soll, spricht also in Wahrheit für uns.

Bleiben noch die mißverstandenen Quellenstellen.

Das Paradestück ist l. 80 D. 46, 3 aus Pomponius lib. 4 ad Q. Mucium:

Prout quidque contractum est ita et solvi debet.

---

[94] Nach der Auffassung des Reichsgerichts (Entsch. 11, S. 21; 61 S. 7, erlischt die Verpflichtung aus der Wechselannahme nicht schon durch die Zahlung, sondern nur durch Rückgabe des quittierten Wechsels. Hier haben wir also im heutigen Recht etwas, das man dem alten römischen fälschlich andichtet. Aber natürlich hat das Reichsgericht in dieser Weise entschieden nicht um des schönen Aussehens willen und um hübsch im Bilde zu bleiben, sondern aus sachlichen Gründen, die hier nicht zu erörtern sind. Und die Entscheidung ist nur möglich, weil dem heutigen Recht im Gegensatz zum älteren römischen die Klage auf Befreiung und die entsprechende Einrede keine Schwierigkeit machen.

Pflüger, Nexum.   4

Man bedenke. Die Stelle ist zu einer Zeit geschrieben, wo der Satz, den sie beweisen soll, auch wenn wir den spätesten für die Zulassung der formlosen Zahlung behaupteten Termin zugrunde legen, jedenfalls längst nicht mehr in Geltung war. Die Stelle ist ferner in die Kompilation Justinians und, wie wir sogleich sehen werden, auch in die Basiliken aufgenommen worden, obgleich für diese späten Zeiten jener Satz doch erst recht eine ganz nutzlose Antiquität war. Daß die Stelle den Sinn gehabt haben sollte, den man ihr zuschreiben möchte, ist also von vornherein unwahrscheinlich. Und was unter diesen Umständen damit gewonnen sein soll, wenn sie, wie Fitting[95] kühn vermutet, von Q. Mucius selber herrührte, vermag ich auch nicht einzusehen.

Wie um den Punkt, an dem das Mißverständnis ansetzt, recht deutlich hervorzuheben, hat man bei Anführung der Stelle wohl das debet unterstrichen und gesperrt gedruckt. Gewiß, mit solvi debet ist der Gedanke einer Notwendigkeit zum Ausdruck gebracht. Gemeint ist aber nicht die Notwendigkeit des contrarius actus als des einzigen Mittels, um die eingegangene Verbindlichkeit aufzulösen; Pomponius will nicht sagen, die Obligation müsse unbedingt, könne gar nicht anders als in dieser Weise aufgehoben werden. Gemeint ist vielmehr die Notwendigkeit der Aufhebung der Obligation, als der Folge jenes Mittels;

---

[95] Correalobligationen S. 45 Anm. 50. Vgl. auch Kuntze, Krit. Vierteljahrsschrift 9 S. 522; Salkowski, Institutionen § 158 II a; Girard, Manuel élémentaire S. 669 Anm. 3.

und wir müssen den Ausspruch des Pomponius vielmehr etwa so übersetzen: „Ebenso wie eine Obligation
eingegangen worden ist, in derselben Weise m u ß s i e
s i c h a u c h l ö s e n l a s s e n", oder: „in derselben
Weise muß sie a u c h z u l ö s e n s e i n". Es heißt: ita
obligatio solvi debet, nicht: ita creditor obligationem
solvere debet.

Wie wenig das debet betont werden darf, zeigen
die Basiliken 26, 5, 80, in denen die Stelle folgendermaßen wiedergegeben ist:

Ὧι τρόπῳ τὰ συναλλάγματα συνίστανται τῷ αὐτῷ καὶ
διαλύεται.

Wo also das debet ganz weggelassen und das bloße
Passivum übrig geblieben ist!

Und ebenso sagt auch die Glosse:

ista lex nihil aliud dicit quam quod omnis contractus
solvitur per ea per quae factus est.

Wie wenig das debet betont werden darf, wird
ferner durch Gaius 3, 170[96] bewiesen, der statt des
debere geradezu ein posse setzt:

Consentaneum visum est verbis factam obligationem
posse aliis verbis dissolvi.

In der Tat ist ja auch jenes solvi debet zugleich
der Ausdruck einer M ö g l i c h k e i t, nämlich der juristischen Möglichkeit, die Obligation durch contrarius actus
aufzuheben.

Die übrigen Pandektenstellen, l. 35 D. 50, 17, l. 100,
l. 153 eod. l. 46 D. 41, 2, enthalten auch nur Kon-

---

[96] Gleichlautend mit § 1 J. 3, 29.

statierungen dieser Möglichkeit und bedürfen keiner
weiteren Besprechung.

Den Beschluß macht eine Stelle aus Livius 6, 14, 5,
der auch Mitteis[96] großen Wert beilegt:

(M. Manlius) rem palam populo solvit, libraque et
aere liberatum emittit.

Hiermit hätten wir doch wenigstens ein positives
Zeugnis für den Rechtszustand der ersten Zeit nach Einführung des gemünzten Geldes, als die formlose Zahlung
allein noch nicht genügte, sondern die imaginäre per aes
et libram noch hinzukommen mußte, meint Mitteis.
Er dächte vielleicht anders, wenn wir im Deutschen ge-
wohnt wären, ebenso genau zwischen „Zahlen" und „Er-
füllen" zu unterscheiden, wie der Römer zwischen „nume-
rare" und „solvere". Hätte Livius nicht geschrieben solvit,
sondern numeravit, so könnte Mitteis recht haben. Da
es nun aber heißt solvit, so ist eben damit auf das un-
zweideutigste gesagt, daß das Schuldverhältnis schon
durch die bloße Zahlung „gelöst" ist. Und warum es
hinterher doch noch zur solutio per aes et libram kommt,
hat bereits Huschke[97] auf einleuchtende Weise erklärt.
Es handelt sich hier, muß ich bemerken, nicht um
eine nexi obligatio, sondern um eine Urteilsschuld, die
aber ja, wie wir aus Gaius 3, 173 wissen, auch durch
solutio per aes et libram erlassen werden konnte.
Huschke versteht den Fall nun wohl ganz richtig so,

---

[96] Römisches Privatrecht I, S. 262. Ebenso Bekker,
Aktionen I, S. 30.
[97] Nexum S. 241 f. Ebenso Karlowa, Rechtsgeschichte II,
S. 810. Vgl. auch Bachofen, Nexum S. 155.

daß Manlius für den von seinem Gläubiger mit der manus
iniectio bedrohten Centurio als vindex auftritt und als
solcher für ihn zahlt. Der vindex aber, der für den
iudicatus zahlte, erwarb sehr wahrscheinlich, ähnlich dem
redemptor und seinem Rechte an dem captivus ab hoste
redemptus[98], eine Forderung gegen seinen Schützling,
die der Urteilsforderung, an deren Stelle sie getreten
war, gleich behandelt wurde. Und Manlius, der dem
Betreffenden schenken wollte, konnte und mußte ihm
also die Schuld, die so auf ihn übergegangen war, durch
solutio per aes et libram erlassen.

Das sind also die Beweise, auf Grund deren man
den Römern einen unerträglichen Rechtszustand auf-
gebürdet hat. Wir halten uns dagegen lieber an Gaius,
der nicht anders weiß, als daß die solutio per aes et
libram und die Acceptilation imaginariae solutiones sind
und allezeit gewesen sind.

Und in jenen vermeintlichen Beweisstellen der
herrschenden Lehre, namentlich in dem consentaneum
enim visum est des Gaius und dem nihil tam naturale
est bei Ulpian, sehen wir zugleich den schlagenden
Beweis für unsere Behauptung, daß diese imaginariae
solutiones, daß namentlich die solutio per aes et
libram ein Erzeugnis, und zwar ein verhältnismäßig
spätes, der freien rechtschaffenden Tätigkeit römischer
Juristen gewesen sind. Zu irgend einer Zeit, die sich
der Feststellung entzieht, zeigte sich in Rom das Bedürfnis, eine Forderung auch ohne Erfüllung aufheben

---

[98] l. 15, l. 19 § 9, l. 21 pr. D. 49, 15.

zu können. Daß gerade der Hang zu Schenken dabei
im Spiel gewesen wäre, brauchen wir allerdings nicht
anzunehmen. Ein alter Römer schenkt nicht, sagt Jhering.
Wie ist es aber mit der Leistung an Zahlungsstatt, die
namentlich in geldarmen Zeiten auch im alten Rom
eine große Rolle gespielt haben muß? Und da noch zu
Gaius' Zeiten darüber gestritten wurde, ob die Hingabe an Zahlungsstatt die Schuld ipso iure tilge oder
nur ope exceptionis[99], so dürfen wir um so sicherer
annehmen, daß zu einer Zeit, wo es noch keine Excep-
tionen gab, mindestens der Vorsicht halber noch ein
besonderer Erlaßvertrag daneben für erforderlich gehalten wurde. Da aber das Gesetz für einen solchen
keinen Anhalt bot, wie z. B. für die bekanntlich auch
von den Juristen geschaffene Form der Emancipation,
so verstand man es, den Anhalt, den man brauchte,
gewissermaßen aus der Luft zu greifen, indem man den
einleuchtenden, scheinbar selbstverständlichen, aus der
naturalis ratio abzuleitenden und darum, wie man ohne
weiteres annahm, dem ius gentium angehörenden Satz
aufstellte, dieselbe Form, in der eine Obligation begründet werde, müsse auch genügen, um sie ohne Erfüllung wieder aufzuheben.

Die Förmlichkeit der Erlaßverträge, zu denen man
auf diese Weise gelangte, im Gegensatz zur Formlosig-
keit der Erfüllung, stimmen vortrefflich zu dem, was wir
schon bei Gelegenheit des formlosen Darlehns bemerkt
haben. Ebenso wie zwar der Darlehnsempfänger, weil

---

[99] Gaius 3, 168.

er etwas auf Kosten der Gläubiger bekommen hat, ohne
jede Form verpflichtet wird, wie dagegen dem, der ohne
bekommen zu haben bloß verspricht, durch eine besondere Form gewissermaßen ein Strick gedreht werden
muß, um ihn an seinem Worte zu halten: ebenso ist
auch der Gläubiger, der was er zu fordern hat be-
kommt, seiner Forderung ohne weiteres ledig. Wer dagegen ohne etwas zu bekommen den Schuldner freigibt,
der muß auch auf besondere Weise an sein Wort gebunden werden.

Ist nun aber das, was wir bewiesen haben, auch
wirklich ganz das, was wir beweisen wollten? Schienen
wir nicht anzudeuten, die solutio per aes et libram sei
ein Erzeugnis der Interpretation der XII Tafeln? also
doch nicht ganz ein Erzeugnis der freien rechtschaffenden
Tätigkeit römischer Juristen?

In der Tat ist beides richtig, und sind wir vielleicht
der Lösung eines Rätsels auf der Spur, dessen unrichtige
Lösung in dem Betriebskapital der weiland herrschenden
Auffassung des nexum, als eines mit urteilsmäßiger Kraft
ausgestatteten Darlehns, allezeit einen besonders zug-
kräftigen Bestandteil gebildet hat. Ich meine die merk-
würdige Erscheinung, die wir aus Gaius 3, 173 wissen
und soeben erst wieder berührt haben, daß neben dem
quod eo nomine debetur quod per aes et libram gestum
est auch was ex iudicati causa debetur durch solutio per
aes et libram erlassen werden kann. Hat doch Bekker[100]
in seiner Abwehr gegen Mitteis noch neuerdings wieder
darauf hingewiesen und gesagt: „Also der gleiche Libe-
rationsakt bei einer, zweifellos durch Manusinjektion

realisierbaren Judikatschuld, und einer per aes et libram kontrahierten Schuld, welche beide hiernach als im wesentlichen gleichartig angesehen sein müssen". Diese Gleichartigkeit könne aber, folgert Bekker weiter, kaum in etwas anderem bestanden haben als in der Gleichheit des Realisierungsmittels, also — der Manus-injektion.

Daß es, wenn irgendwo, ganz besonders bei der Urteilsschuld von Wichtigkeit war, sich in dem Falle der Leistung an Erfüllungsstatt dem Gläubiger gegenüber zu sichern, liegt auf der Hand. Daß der Satz prout quidque contractum est ita et solvi debet hier keine Hilfe bot, ist ebenso klar. Aber dafür bot sich jetzt, nachdem man die solutio per aes et libram einmal hatte, die Möglichkeit, sie noch nachträglich in die XII Tafeln hinein zu interpretieren und sie dadurch auch auf die Urteilsschuld anwendbar zu machen!

Die Juristen sagten sich einfach: die solutio per aes et libram ist ebenso wie die Mancipation und das Testament ein nexum im weiteren Sinne. Der Judikat-schuldner, dem seine Schuld erlassen werden sollte, brauchte also bloß ein solches nexum vorzunehmen und dabei eine geeignete Formel auszusprechen, und — uti lingua nuncupassit ita ius esto!

Gewiß hätte man auf demselben Wege auch folgern können, daß überhaupt jede Forderung irgendwelcher Art durch solutio per aes et libram erlassen werden könne.

---

[100] Sav.Z. 23 S. 429 f. Vgl. H u s c h k e, Studien des röm. Rechts I (1830) S. 295, Nexum S. 234.

Aber in rechtlichen Dingen, das wußten die römischen Juristen, und in der Hinsicht können wir immer noch viel von ihnen lernen, soll man nur so weit konsequent sein als es vernünftig ist und ein Bedürfnis dafür vorliegt.

V.
MUCIUS UND VARRO.

Und nun noch von einer dritten und letzten Auffassung des Wortes nexum! Sie findet sich in derselben
Stelle des Varro, de l. l. 7, 105, der wir schon die
Äußerung des Manilius verdanken, und die vollständiger
also lautet:

> Nexum Manilius scribit omne quod per libram et
> aes geritur, in quo sint mancipia; Mucius quae
> per aes et libram fiant ut obligetur[101], praeter
> quom[102] mancipio detur[103]. Hoc verius esse
> ipsum verbum ostendit, de quo quaerit; nam id
> aes[103], quod obligatur per libram, „neque suum"
> fit, inde „nexum" dictum.

---

[101] So schon Huschke, Nexum S. 32. Ebenso Mommsen,
Sav.Z. 23 S. 349 Anm. 1. Doch kann man allenfalls auch mit
dem überlieferten obligentur auskommen. Vgl. Kübler, Sav.Z.
25 S. 261 Anm. 1; Kleineidam, Personalexekution S. 92 ff.

[102] So statt des handschriftlichen quam: Huschke, Nexum
S. 32; Mommsen a. a. O.; Kübler, Sav.Z. 25 S. 258. Da-
gegen, weil man auch ohne die Änderung auskommen könne,
Kleineidam a. a. O. S. 82.

[103] So nach der geistvollen Vermutung von Mommsen,
Sav.Z. 23 S. 349 Anm. 1, statt des handschriftlichen, ganz sinn-
losen est.

Der Auffassung des Manilius, die wir kennen, wird hier also die eines Mucius gegenübergestellt, die es wohl am nächsten liegt auf den berühmten Oberpontifex Q. Mucius Scaevola zu beziehen. Scheint aber dieser Begründer der römischen Rechtswissenschaft nicht in der Tat zu sagen, neben den Mancipationen, praeter quom mancipio detur, gebe es auch noch andere Geschäfte per aes et libram, nicht mit dinglicher, sondern mit obligatorischer Wirkung: ut obligetur? Und könnten mit diesen obligatorischen Geschäften, die per aes et libram, also durch Zuwägen von Geld zu stande kamen, wohl irgend andere gemeint sein als Darlehnsgeschäfte? Jedenfalls ist das die Auslegung Huschkes[104], der auch Mitteis[105] anhängt, und der Mommsen[106] und Kübler[107] sich noch neuerdings wieder angeschlossen haben.

Nun ist es allerdings, von allem anderen abgesehen, keine Empfehlung dieser dem Q. Mucius zugeschriebenen Auffassung, daß Varro sie mit Hilfe einer geradezu fürchterlichen Etymologie[108] zu bestätigen scheint. Was aber Lenel[109] der Huschkeschen Auslegung entgegensetzt, ist auch verfehlt.

Q. Mucius habe, meint Lenel, über das Verhältnis von nexum und mancipium in Wahrheit eine ganz ähnliche Auffassung gehabt wie er, Lenel, selber[110]. Q. Mucius,

---

[104] Nexum S. 33 f., vgl. mit S. 28 ff., bes. S. 30.
[105] Sav.Z. 22 S. 101. Römisches Privatrecht I, S. 140.
[106] Sav.Z. 23 S. 349 Anm. 1.
[107] Sav.Z. 25 S. 266 f.
[108] Vgl. darüber Lenel, Sav.Z. 23 S. 94 f.
[109] A. a. O. S. 93 f.
[110] A. a. O. S. 95 f.

meint Lenel, sehe auch schon in dem Doppelausdruck
nexum mancipiumque die erschöpfende Bezeichnung des
Gesamtakts der Mancipation, und in den Einzelausdrücken
nexum und mancipium die Bezeichnungen je eines Be-
standteils dieses Aktes. Auch verstehe er unter mancipium ebenmäßig das tatsächliche Ergreifen der Sache,
unter nexum das was in dem Mancipationsakt noch sonst
enthalten sei. Nur darin weiche er ab, daß er dieses
Weitere nicht, wie Lenel, in der die „Bindung" herbei-
führenden förmlichen Zuwägung des Kupfers sehe: sondern
dieses Weitere geschehe, läßt Lenel den Q. Mucius annehmen, zu dem Zweck, Obligationen, und namentlich
die obligatio auctoritatis hervorzubringen. Und so definiere
er denn, nexum sei „was per aes et libram noch neben
dem mancipium — Lenel liest praeter quam [quod]
mancipio detur — geschehe, mit dem Effekt, daß daraus
eine Obligation entstehe. Mit anderen Worten, ihm sei
nexum die Mancipation nach ihrer obligatorischen,
mancipium nach ihrer dinglichen Seite".

Lenel nimmt also, wie man sieht, das an und für
sich ja zweideutige praeter nicht wie Huschke im aus-
schließenden, sondern vielmehr im einschließenden Sinne.
Das mancipio dare, das nach der Huschkeschen Auslegung mit dem nexum gar nichts zu tun hat, wird ihm
dadurch zu etwas, das mit dem nexum vielmehr auf das
Engste zusammengehört. K ü b l e r [111] und K l e i n -
e i d a m [112] haben aber schon sehr richtig bemerkt, daß
man den vorliegenden Satz unserer Stelle nicht für sich

---

[111] Sav.Z. 25 S. 264.
[112] Personalexekution S. 82.

allein betrachten dürfe, sondern nur im Zusammenhang
mit dem ersten Maniliussatz: wo denn der offensicht-
liche Parallelismus der beiderseitigen Satzglieder jede
andere Deutung von praeter außer der im aussschließenden
Sinne verbiete. Die beiden Sätze: in quo sint mancipia
und praeter quom mancipio detur bilden, wie Kleineidam treffend sagt, eine scharfe Antithese, deren
Schwerpunkt allem Anschein nach in den Worten in
quo gegenüber praeter quom, oder noch kürzer in
dem „in" gegenüber dem „praeter" liege. Ist das
aber zutreffend, so kann in der Tat nur die aus-
schließende Bedeutung von praeter hier in Betracht
kommen. Gegenüber dem stets einschließenden „in"
bildet nur ein ausschließendes „praeter" den scharfen
Gegensatz. Und wenn Lenel[113] der Huschkeschen
Auslegung noch logischen Widersinn vorwirft: „Hiernach
würde," sagt er, „Mucius die geistreiche Bemerkung
machen, nexum bedeute das obligatorisch wirkende Geschäft per aes et libram, d. h. das Scheindarlehn, jedoch
außer der Mancipation, d. h. also das Schein darlehn,
jedoch mit Ausnahme des Scheinkaufs!" — so werfen
sowohl Kübler[114] als Kleineidam[115] mit Recht ein, daß
dieser logische Widersinn erst durch das Wörtchen
„jedoch", das Lenel einschiebt, in die Stelle hinein-
getragen wird. Setzt man statt dessen mit demselben
Recht ein „aber", so ist die Logik in bester Ordnung.

Also Waffenstreckung? Anerkennung, daß es denn

---

[113] A. a. O. S. 91.
[114] A. a. O. S. 260 ff.
[115] A. a. O. S. 92.

doch wohl noch obligatorische Geschäfte, Darlehnsgeschäfte, per aes et libram, gegeben haben müsse?

Davon kann nicht die Rede sein!

Die Erklärung Lenels ist zwar so, wie sie vorgebracht
ist, zu verwerfen; aber das Ziel, das ihm dabei vor-
schwebt, ist doch das richtige. Nichts zwingt uns, bei
quae per aes et libram fiant ut obligetur an etwas
anderes zu denken als an jene bekannten Obligationen,
von denen wir ohnehin wissen, daß sie per aes et
libram, also durch nexum, entstehen: wie die obligatio
auctoritatis des Mancipanten, von dem Cicero pro Murena
2, 3 ausdrücklich sagt, daß er se nexu obligavit; wie die
Obligation aus dem Damnationslegat, die nach Gaius 3,
173, 175 eo nomine debetur quod per aes et libram
gestum est; wie die obligatio de modo agri. Hat doch
auch Huschke[116] diese Obligationen auf ein in der
Mancipation wie im Testament enthaltenes nexum, freilich in seinem Sinne, zurückgeführt, und den Q. Mucius
sogar deswegen tadeln zu dürfen geglaubt, daß er, wie
Huschke meint, mit seiner Definition von nexum zu
weit gegriffen und mit der Mancipation auch dieses in
der Mancipation enthaltene nexum von dem Begriffe
ausgeschlossen habe[117].

Daß Q. Mucius diesen Tadel nicht verdient, daß er
in Wirklichkeit nur jene aus der Mancipation und dem
Testament entspringenden Obligationen im Sinne hat,
ist von Huschke nur um deswillen verkannt worden,
weil er, ebenso wie überhaupt durch die Bank alle

---

[116] Nexum S. 34 ff., 171 ff., 212 ff.
[117] A. a. O. S. 34.

bisherigen Ausleger, die Worte quae per aes et libram
fiant ut obligetur so auffaßt und abteilt, als ob hinter
fiant auch wohl ein Komma gesetzt werden könnte.
Quae per aes et libram fiant, ut obligetur kann allerdings nur so verstanden werden, daß nexum ist „was
mit Erz und Wage geschieht, oder getätigt wird, mit dem
Erfolge, oder der Absicht, daß obligiert wird, d. h. daß
eine Obligation entsteht." Das heißt, man nimmt ut sei
es in konsekutiver, sei es in finaler Bedeutung, und
sieht nun in den Worten quae per aes et libram fiant
die Angabe eines Rechtsaktes als des Tatbestandes,
in ut obligetur dagegen die Angabe der diesem Tatbestand eigentümlichen Rechtswirkung: womit denn
nexum als ein obligatorisches Rechtsgeschäft charakte-
risiert wäre, das allerdings, eben weil Geld dabei zugewogen wird, kaum etwas anderes sein könnte als ein
Darlehn. Unbedingt unrichtig ist das nicht. Aber es
ist auch nicht unbedingt richtig, weil nicht die einzig
mögliche Auslegung. Übersetzen wir fieri statt mit
„geschehen" oder „getätigt werden" mit „bewirkt
werden", so ist nexum: „was mittels Erz und Wage
bewirkt wird, insofern dadurch eine Obligation entsteht".
Die Angabe des Tatbestandes steckt dann schon in den
Worten per aes et libram; fiant aber gehört so sehr
zum folgenden, daß man fast schreiben könnte: quae
per aes et libram fiant-ut-obligetur. Die ganze Ausdrucksweise erinnert eben an jene häufig vorkommenden Wendungen mit fieri ut, accidere, contingere, evenire ut, wo
es sich nicht erstens um ein Geschehnis und zweitens um
dessen Folgen handelt, sondern einfach um eine Um-

schreibung des Geschehenen[118], wo also ut weder konse-
kutive noch finale Bedeutung hat, sondern nur der
näheren Bestimmung des allgemeinen fieri usw. dient.
Wie fit-ut-obligetur nur eine Umschreibung ist für obli-
gatur in dem Sinne: „es entsteht eine Obligation";
ebenso ist quod fit-ut-obligetur zu übersetzen: „die
Obligation, die entsteht"; und quae per aes et libram
fiunt-ut-obligetur mit: „die Obligationen, die mit Erz und
Wage entstehen"; oder „die mit Erz und Wage er-
zeugten Obligationen". Welche Obligationen damit gemeint sind, braucht jetzt nicht noch einmal gesagt zu
werden.

Die Richtigkeit dieser Auslegung wird auch durch
die nachfolgenden Worte bestätigt.

Q. Mucius versteht, wie sich herausgestellt hat,
unter nexum nicht ein Rechtsgeschäft, sondern nur eine
gewisse Art von Rechtswirkungen. Er begeht damit
eine Begriffsverwechslung, die den Römern recht ge-
läufig gewesen zu sein scheint, und die sich auch bei
dem Alterego des nexum im Sinne der XII Tafeln,
dem mancipium, wiederholt[119]. Wenn z. B. Curius an
Cicero schreibt[120]: sum enim χρήσει μὲν tuus κτήσει
δὲ Attici nostri; ergo fructus est tuus, mancipium
illius: so meint er unter mancipium natürlich nicht das
Rechtsgeschäft Mancipation, sondern das durch Mancipation zu erwerbende Eigentumsrecht[121]. Diesem Sinne

---

[118] Vgl. Zumpt, Lateinische Grammatik §§ 619, 621; vgl.
auch Schloßmann, Altrömisches Schuldrecht S. 29 Anm. 1.

[119] Huschke, Nexum S. 41 Anm. 44.

[120] Cicero ad fam, 7, 29.

[121] Vgl. noch Lucrez 3, 908: vitaque mancipio nulli datur,

nun, in dem Mucius das Wort nexum versteht, entspricht
es vollkommen, wenn er hinzufügt, nicht: praeter mancipia, sondern: praeter quom mancipio detur.

Unter mancipia konnte auch das Rechtsgeschäft
Mancipation verstanden werden. Q. Mucius meint aber
nicht die Mancipation, sondern die durch Mancipation
zu erzeugenden dinglichen Rechtswirkungen, vor allem
die Eigentumsübertragung, die er von seinem Begriffe
des nexum, als der per aes et libram zu erzeugenden
obligatorischen Rechtswirkungen, ausschließen will. Und
so sagt er denn, dem quae per aes et libram fiant ut
obligetur entsprechend: praeter quom mancipio detur.
Manilius dagegen, der unter nexum die per aes et libram
getätigten Rechtsgeschäfte versteht, sagt einfach: in quo
sint mancipia.

Wie Q. Mucius zu seiner Erklärung gekommen ist?
Wohl nicht durch dieselbe schöne Etymologie, die Varro
dafür vorbringt, und deren geistiges Eigentum dem Varro
streitig zu machen wir keine Veranlassung haben. Eher
schon durch die vermeintliche Wortbedeutung von „nectere", im Sinne von „obligare", die auch in neueren
Zeiten eine so unverdient große Rolle gespielt hat.
Vielleicht wurde er auch in dieser Ableitung noch be-
stärkt durch den Ausdruck nexi liberatio, den er, ebenso
wie manche Neuere, statt wie es sich gehörte als Befreiung durch nexum, fälschlich als Befreiung vom
nexum verstanden haben mag.

Dem sei jedoch wie ihm wolle. Irgend welche Be-

---

omnibus usu; Seneca ep. 72: fortuna nihil dat mancipio. Vgl
auch das bekannte, mancipium genannte Gewaltverhältnis.

deutung kann dem Einfall des Q. Mucius nicht bei-
gemessen werden: um so weniger, als er selbst im
eigenen Lande wenig Anklang gefunden zu haben scheint.
Wer außer Varro steht denn auf seiner Seite? Cicero,
Varros Zeitgenosse, so oft er auch von nexum redet,
weiß nichts davon. Und der kühne Gedanke des Pe-
rottus[122], das verius bei Varro sei in Wirklichkeit ein
zustimmender Verrius, der aus einer alten Adnotation in
den Text geraten sein könne, dieser kühne Gedanke
verdient doch nur als Merkwürdigkeit in Betracht zu
kommen! Das Wörterbuch des Verrius Flaccus, so wie
es uns vorliegt, enthält jedenfalls nur die Manilisch-
Aelische Definition: nexum jedes Geschäft per aes et
libram. In seiner ursprünglichen Bedeutung aber,
nexum gleich Mancipation, läßt sich das Wort, wie wir
gesehen haben, sogar noch bis in die spätesten Zeiten,
sei es auch nur in vereinzelten Spuren, nachweisen. Ist
es gleichwohl schon früh, sagen wir zwischen Cicero
und Gaius, aus dem allgemeinen Gebrauch verschwunden,
so ist es das gewiß nicht unter dem Einfluß des
Q. Mucius: sondern ebenso wie das Wort mancipium ist
es einfach durch das neu aufgekommene Wort mancipatio verdrängt worden.

---

[122] Vgl. Puchta, Lehrbuch für Institutionenvorlesungen
1829, S. XXXI.

VI.
DIONYSIUS VON HALICARNASS UND LIVIUS.

Doch was hilft das alles, wenn die Berichte der alten Geschichtsschreiber nicht auch für uns sind, wenn namentlich ein für die Kenntnis des ältesten römischen Altertums bei aller Unzuverlässigkeit doch so wichtiger Schriftsteller, wie Dionysius von Halicarnass, von einer Art Darlehn zu berichten scheint, das ganz im Sinne Huschkes und der weiland herrschenden Lehre den Gläubiger berechtigte, ohne Klage und Urteil zur manus iniectio zu schreiten und den Schuldner in die Schuldknechtschaft abzuführen! und wenn damit ohne Zweifel eben jenes nexum gemeint ist, von dem die römischen Geschichtschreiber Livius und Valerius Maximus berichten [123] und dessen auch Cicero [124] einmal Erwähnung tut: jenes nexum, das Jahrhunderte lang die Geißel der römischen Geldaristokratie gegenüber der Plebs gewesen ist, und dessen Beseitigung durch die lex Poetelia als velut aliud initium libertatis [125] gepriesen wurde.

---

[123] Die Stellen werden später erörtert werden.

[124] De re publ. 2, 34: cum sunt propter unius libidinem omnia nexa civium liberata, nectierque postea desitum.

[125] Liv. 8, 28, 1.

Daß aber Dionysius von Halicarnass das nexum sich
als ein mit urteilsmäßiger Kraft ausgerüstetes Darlehn
vorstellt, ist in der Tat gar nicht abzustreiten, so sehr
auch Mitteis[126] sich bemüht, die in Frage kommenden
Stellen als samt und sonders unbeweisend hinzustellen.

Daß viele dieser Stellen, wenn auch nicht ganz so
unbeweisend wie Mitteis meint, so doch für sich allein
nicht beweiskräftig sind, kann freilich zugegeben werden.
So Dionys. 4, 9:

τούτους οὐκ ἐάσω πρὸς τὰ χρέα ἀπάγεσθαι.

Ebenso Dionys. 4, 11:

ὅτι τοὺς πένητας ὑμῶν οὐκ εἴασα τὴν ἐλευθερίαν ἀφαιρε·
θῆναι πρὸς τὰ χρέα ὑπ' αὐτῶν ἀπαχθέντας.

Wieso aber Dionys. 5, 69:

τέως δὲ μηδεμίαν εἴςπραξιν εἶναι μήτε συμβολαίου
μηδενὸς μήτε καταδίκης μηδεμιᾶς·

Wieso Dionysius hier „natürlich" nur die „gerichtliche
Einklagung" der Verträge gemeint haben soll, ist in
der Tat nicht einzusehen. Die Gleichstellung der
εἴςπραξις συμβολαίου mit der εἴςπραξις καταδίκης, das heißt
doch der Vollstreckung aus dem Vertrage mit der
Vollstreckung aus dem Urteil, beweist vielmehr, wie
schon Kleineidam[127] richtig bemerkt hat, ganz
unzweifelhaft, daß Dionysius einen auf Grund vertrag·
licher Abmachung ohne Urteil vollstreckbaren Vertrag
im Sinne hat. Wie denn auch der sehr bezeichnende

---

[126] Sav.Z. 22, S. 106 ff.
[127] Personalexekution, S. 68. Vgl. auch Bachofen, Nexum,
S. 53 f.

Ausdruck δανείζειν ἐπὶ σώμασιν, Dionys. 4, 9 [128], deutlich
genug an den Tag legt, daß Dionysius sich die vertrags·
mäßige Schuldknechtschaft, unter der die römische Plebs
seufzt, als auf einer Vereinbarung, die schon bei Ein·
gehung des Schuldverhältnisses getroffen worden ist, be·
ruhend denkt. Und so sehr deckt sich das, was Huschke
lehrt, mit dem, was Dionysius berichtet, daß nach der
ganz offenbaren Meinung dieses die Abführung in die
Knechtschaft auch ohne Anrufung des Gerichts erfolgte,
oder mit anderen Worten, daß die Forderung aus dem
exekutiven Darlehnsvertrage, den Dionysius im Sinne
hat, auch in einer im Vertrage vorgesehenen außer·
gerichtlichen Weise vollstreckt wird: ein Punkt der
Huschkeschen Lehre, den Huschkes Nachfolger als mit
dem Damnationsgedanken unverträglich, geflissentlich
ausgemerzt haben [129].

---

[128] Vgl. dazu Kleineidam a. a. O., S. 68, Anm. 31.

[129] Vgl. Huschke, Nexum, S. 58 ff., besonders S. 64. Vgl.
auch Voigt, XII Tafeln, I, S. 619, 629, und Kohler, Shakespeare
vor dem Forum der Jurisprudenz, S. 8, Anm. 4, die beide
Huschke in demselben Sinne verstehen. Für außergerichtliche
Abführung des Schuldners auch Walter, Rechtsgeschichte, II,
S. 248 f., besonders bei Anm. 7 und 13 (3. Aufl.), v. Bethmann-
Hollweg, Zivilprozeß, I, S. 160, Anm. 14. Bachofen, Nexum,
S. 52 ff. und 70, scheint sich zu widersprechen. Endlich wäre
hier auch zu nennen Giraud, Des Nexi ou de la condition des
débiteurs chez les Romains, extrait du tome Vᵉ des mémoires
de l'Académie des Sciences morales et politiques, Paris 1847,
S. 70 ff.: wenn dieser Schriftsteller, der mehr angeführt als gelesen
worden zu sein scheint, wenn dieser Plagiator richtiger gesagt,
dessen Machwerk, soweit ich es nachgeprüft habe, ein Mosaik-
werk ist aus Huschkes und Bachofens Schriften, überhaupt auf
Erwähnung Anspruch hätte.

Diese Auffassung des Dionysius ergibt sich klipp und klar auch noch aus folgenden Stellen:

Dionys. 6, 24: καὶ τῶν συναλλαγμάτων τὰς ἀναπράξεις ἐπιτρέπειν τοῖς δεδανεικόσιν ἐφ' οἷς συνέβαλον δικαίοις ποιεῖςθαι.

Dionys. 6, 29: τὰς κατὰ τούτων πράξεις ὑπάρχειν τοῖς δανεισταῖς ἐφ' οἷς ἑκάστοις συνέβαλον.

Die Hauptstelle aber ist Dionys. 6, 83:

εὑρόντες δὲ τὰς ἀποτόμους τῶν δανείων ἀναπράξεις τῶν παρόντων κακῶν αἰτίας γεγονυίας, οὕτως αὐτὰς διορθούμεθα· (1.) τοὺς ὀφείλοντας χρέα καὶ μὴ δυναμένους διαλύσασθαι πάντας ἀφεῖσθαι τῶν ὀφλημάτων δικαιοῦμεν, (2.) καὶ εἴ τινων ἤδη τὰ σώματα ὑπερημέρων ὄντων ταῖς νομίμοις προθεσμίαις κατέχεται, καὶ ταῦτα ἐλεύθερα εἶναι κρίνομεν· (3.) ὅσοι τε δίκας ἁλόντες ἰδίας παρεδόθησαν τοῖς καταδικασαμένοις, καὶ τούτους ἐλευθέρους εἶναι βουλόμεθα, καὶ τὰς καταγνώσεις αὐτῶν ἀκύρους ποιοῦμεν.

Die Stelle ist ein Stück aus der Ansprache, die Dionysius dem Menenius Agrippa, als Abgesandtem und Sprecher des Senats gegenüber den ausgewanderten Plebejern, in den Mund legt. Es werden darin, wie man sieht, drei Arten zahlungsfähiger Schuldner unterschieden, denen allen, einer jeden auf die ihr zukommende Weise, Erleichterung versprochen wird.

Die erste und die dritte Art machen der Auslegung keine Schwierigkeit. Die ersten sind solche, deren Zahlungsunfähigkeit noch keine weiteren Folgen nach sich gezogen hat. Sie werden einfach ihrer Schulden

ledig erklärt. Die Schuldner der dritten Art, δίκας
ἁλόντες ἰδίας, sind bereits zur Zahlung verurteilt, also
iudicati, und auf Grund dieses Urteils ihren Gläubigern
ausgeliefert, παρεδόθησαν, versteht sich im Wege des
gerichtlichen Verfahrens der legis actio per manus in·
iectionem und der magistratischen Addiktion. Die gegen
sie ergangenen verurteilenden Erkenntnisse, καταγνώσεις,
sollen aufgehoben und sie selber in Freiheit gesetzt
werden.

Nun aber die Schuldner der zweiten Gruppe, deren
σώματα ὑπερημέρων ὄντων ταῖς νομίμοις προθεσμίαις κατέχεται!
Keine Frage, daß auch sie mangels Zahlung in der Ge·
walt ihrer Gläubiger sich befinden. Wie sind sie aber
in diese bedauernswerte Lage gekommen?

Auch durch Addiktion, meinte N i e b u h r[130]! Und
zu diesem Ende verstand er unter den δίκας ἁλόντες ἰδίας
der dritten Gruppe nur die wegen eines delictum privatum
Addizierten: wodurch ihm denn Gruppe 2 für alle sonst
wegen Geldschulden Addizierten frei zu werden schien.
Nun ist aber doch, von der ganz unmöglichen Übersetzung
der δίκαι ἴδιαι ganz abgesehen, von addicti überhaupt erst
unter 3 die Rede. Wie kann Dionysius solche also doch
schon unter 2 im Sinne gehabt haben? Weshalb es
denn auch immer noch verkehrt genug ist, wenn
v. S c h e u r l[131], das Attentat auf die δίκαι ἴδιαι vermeidend,
an addicirte confessi denkt. Aber auch V o i g t[132] werden

---

[130] Röm. Gesch., I, S. 638, Anm. 1268.
[131] Nexum, S. 46. Ebenso v. H e u s d e, De lege Plautia
Papiria, S. 55.
[132] XII Tafeln, I, S. 622, 633 f.

wir nicht folgen können. Voigt unterscheidet nämlich
zwischen einem addictus und einem domum ductus.
Addictus meint er, wird der verurteilte Schuldner erst
bei der letzten Vorführung vor den Magistrat. Dagegen
das erstemal kann der Gläubiger ihn auch ohne besondere
Erlaubnis nach Hause abführen. Und von solchen domum
ducti behauptet Voigt nun, sei unter 2 die Rede. Diese
Erklärung scheitert aber, von allem andern abgesehen [133],
daran, daß von verurteilten Schuldnern erst unter 3. die
Rede ist.

Da es sich um Darlehnsschuldner, also jedenfalls
um Vertragsschulden handelt, und da uns außerdem nur
gesagt ist, daß die Schuldner der zweiten Gruppe wegen
dieser Schulden ihren Gläubigern ausgeliefert worden
sind, so ist es doch wohl das einfachste und nächst-
liegende, anzunehmen, daß sie in der Lage, in der sie
sind, eben auf Grund ihrer Verträge sind, daß also diese
Verträge etwas enthalten haben müssen, was die Gläubiger
berechtigte, ihre Schuldner ohne Urteil und Addiktion,
rein auf Grund des Vertrages, in Haft zu nehmen. Daß
Dionysius das nicht ausdrücklich sagt, erklärt sich einfach genug durch die weitere Annahme, daß Darlehns-
verträge solchen Inhalts ihm als das Regelmäßige und
Selbstverständliche erschienen, die Notwendigkeit von
Klage, Urteil und addictio dagegen als die Ausnahme.
Man kann das auch, möchte ich sagen, durchfühlen, wenn
man acht darauf gibt, wie er die dritte Gruppe der iudicati und addicti fast nur wie zum Überfluß den ersten

---

[133] Vgl. Kleineidam, Personalexekution, S. 212 ff.

beiden Gruppen anfügt. Und Huschke scheint das auch
sehr wohl empfunden zu haben, wenn er den Dionysius
nicht drei, sondern zunächst nur zwei Hauptklassen
unterscheiden läßt, nämlich Schuldner aus Kontrakt, die
dann wieder in zwei Unterabteilungen zerfallen, und
Schuldner durch Verurteilung.

Schwierigkeit, wenn auch nur auf den ersten Blick,
machen nur die νόμιμοι προθεσμίαι, die, wie es vielfach
versucht worden ist [184], so zu drehen, daß aus den gesetzlichen unvermerkt vertragsmäßig festgesetzte Fristen
werden, denn doch nicht angeht; die vielmehr unangenehm
genug an die dreißig dies iusti des iudicatus und des
confessus [135], also an gerichtliche Exekution erinnern,
und die denn auch wohl der Grund gewesen sind für
die Irrtümer eines Niebuhr, v. Scheurl und Voigt, von
denen soeben erst die Rede war. Diese Schwierigkeit verschwindet aber, wenn wir uns nur sagen, daß
die persönliche Meinung des Dionysius, auf die es hier
zunächst allein ankommt, und nicht auf die objektive
Wahrheit, sehr wohl dahin gehen konnte, daß dieselbe
Frist von dreißig Tagen, die in den XII Tafeln, und wohl
schon vor den XII Tafeln, für die gerichtliche Zwangsvollstreckung vorgeschrieben war, analogerweise auch bei
vertragsmäßiger, außergerichtlicher Zwangsvollstreckung
gewahrt werden mußte. In der Tat ist das die Meinung
von Huschke [136], die auch durch den weiteren Verlauf

---

[134] Z. B. von Karlowa, Rechtsgeschichte, II, S. 550 f.;
Mitteis, Sav.Z. 25, S. 283.
[135] Gellius 15, 13, 11; 20, 1, 42—45.
[136] Nexum, S. 54 ff.

unserer Untersuchung an Wahrscheinlichkeit gewinnen
wird.

Nun findet Mitteis[137] freilich, Huschke werde im
Gegenteil durch Dionys. 6, 83 widerlegt. Was er dann
aber im einzelnen gegen Huschkes Auslegung vorbringt,
trifft diese in Wahrheit gar nicht.

Die Verhaftung beim Fälligkeitstermin sei durchaus
nicht notwendigerweise als Beweis einer manus iniectio
aus dem Darlehn anzusehen, sondern sie erkläre sich
auf das Vollkommenste auch dann, wenn man Selbstverpfändung des Schuldners annehme. Aber eine regel-
rechte manus iniectio behauptet Huschke ja gar nicht!
Und neben dem Darlehnsgeschäft noch ein besonderes
Verpfändungsgeschäft annehmen, auf Grund dessen die
Verhaftung erfolgte, heißt denn doch noch mehr in die
Stelle hineintragen, als wenn man mit Huschke dem
Darlehnsvertrage nur einen besonderen, eben auf außergerichtliche Vollstreckung gerichteten Inhalt gibt.

Weiter sagt Mitteis: wenn man Huschke folge, wer
bleibe denn da noch übrig als Objekt einer Haftung auf
Grund eines Urteils im Sinne der Gruppe 3? An Delikts-
oder Stipulationsschulden sei offenbar nicht gedacht,
sondern eben an die armen Plebejer, welche den Reichen
auf Grund eines Darlehns schuldig geworden seien.
Mitteis übersieht eben wieder, daß Huschke, wie wir
wissen, neben dem exekutiven Darlehn per aes et libram
noch das formlose, im ordentlichen Klagewege verfolgbare
mutuum kennt, und daß daher unter den Verurteilten

---

[137] Sav.Z. 23, S. 108.

der dritten Gruppe sehr wohl eben solche gewöhnliche
Darlehnsschuldner verstanden werden können.

Endlich macht Mitteis auch noch geltend, was ja an
und für sich ganz richtig und auch von uns bereits ver-
wertet worden ist, daß, wenn von den gerichtlich Addizierten erst unter 3. die Rede sei, diese Art von
Schuldnern nicht schon unter 2. gemeint, also auch
die Verhaftung derer unter 2. nicht im Wege der manus
iniectio vor sich gegangen sein könne. Was aber doch,
aus dem bereits angegebenen Grunde, gegen Huschke
wiederum nichts verschlägt! Ganz abgesehen davon,
daß es, obwohl an und für sich richtig, von Mitteis doch
nur mit Hilfe eines Mißverständnisses aus Dionys. 6, 83
herausgelesen wird! Daß von den gerichtlich Addizierten
erst unter 3. und nicht schon unter 2. gehandelt wird,
ergibt sich nämlich für Mitteis nicht einfach daraus, daß
nur die verurteilten Schuldner der dritten Gruppe παρεδόθησαν τοῖς καταδικασαμένοις, sondern er folgert es auf
ebenso gezwungene wie unrichtige Weise daraus, daß
bei Gruppe 3 von gerichtlichen Erkenntnissen, καταγνώσεις,
die Rede sei, die aufgehoben werden sollten, bei Gruppe 2
dagegen nicht. Folglich, sagt Mitteis, und weil auch
das prätorische Addiktionsdekret bei der legis actio per
manus iniectionem ein gerichtliches Erkenntnis sei,
könne in den Fällen unter 2. eine manus iniectio und
ein der Aufhebung bedürftiges Addiktionsdekret nicht
vorgelegen haben. Also Mitteis. Es liegt aber doch
eigentlich auf der Hand, daß die Aufhebung der Addiktionsdekrete schon mit den Worten: καὶ τούτους ἐλευθέρους
εἶναι βουλόμεθα, ausgesprochen ist, und daß unter den

καταγνώσεις, die unwirksam gemacht werden, nur die in
der Sache selbst ergangenen verurteilenden Erkenntnisse,
die, wenn sie für unwirksam erklärt worden wären,
immer aufs neue zur manus iniectio berechtigt hätten,
verstanden werden können und verstanden werden
müssen. Die Addiktionsdekrete hätte Dionysius seinem
παρεδόθησαν entsprechend sicherlich nur als παραδόσεις
bezeichnet [138].

Daß die Huschkesche Lehre an dem Bericht des
Dionysius die allerstärkste Stütze findet, daran kann also,
das ist das Ergebnis unserer bisherigen Untersuchung,
in der Tat kein Zweifel sein.

Ebensowenig allerdings auch daran, daß die Berichte
der römischen Historiker, namentlich des Livius, ihr
durchaus widersprechen!

Die Berichte der römischen Geschichtsschreiber, so
dürftig sie sind, lassen doch so viel mit aller Deutlichkeit erkennen, daß die vertragsmäßige Schuldknechtschaft,
von der sie handeln, keinesfalls schon bei Eingehung des
Schuldverhältnisses vereinbart wurde. Das nexum se dare,
nexum inire, necti, erscheint bei ihnen vielmehr allemal

---

[138] Vgl. Huschke, Nexum, S. 57. — Dasselbe Mißverständnis
bezüglich der Addiktionsdekrete und der καταγνώσεις anscheinend
auch bei Mommsen, Sav.Z. 23, S. 353, Anm. 1. Vgl. dagegen
auch Kleineidam, Personalexekution, S. 70 f. Dieser begeht
nur leider selber den Fehler, den Gegensatz des παρεδόθησαν
unter 3. zu dem einfachen κατέχεται unter 2., obwohl er auch
ihm auffällt, doch nicht gehörig zu würdigen, und so aus den
beide Male vorkommenden, fast gleichlautenden Ausdrücken
ἐλεύθερα εἶναι und ἐλευθέρους εἶναι den Schluß zu ziehen, daß in
beiden Fällen, also auch bei Gruppe 2, Addiktionsdekrete, aufzuheben waren.

erst, und darin hat Mitteis[139] vollkommen recht, als die spätere Folge der Überschuldung, „als das letzte schwerste Stadium eines Schuldverhältnisses . . ., welches in seinem Anfang als durchaus erträglich gedacht ist", als die ultima ratio eines bedrängten Schuldners, der seinen Gläubiger anders nicht zu befriedigen vermag, und der deshalb das Schlimmste, Verkauf in die Knecht- schaft oder Tod, zu gewärtigen hat.

Livius 7, 19, 5: nam etsi unciario fenore facto levata usura erat, sorte ipsa obruebantur inopes nexumque inibant.

Diese Stelle, die scharf zwischen der zinstragenden sors und dem nexum unterscheidet, nicht auch scharf zu interpretieren, und sors von einem „nicht formell klag- baren Darlehn" zu verstehen, wie Mommsen[140] will, ist die reine Willkür.

Livius 8, 28, 2: L. Papirius is fuit, cui cum se C. Publi- lius ob aes alienum paternum nexum dedisset.

Valerius Maximus 6, 1, 9: T. Veturius . . . cum propter domesticam ruinam et grave aes alienum C. Plotio nexum se dare admodum adulescentulus coactus esset.

Wiederum ist es eine ganz willkürliche Hineintragung wenn Mommsen[141] meint, eigentlich habe das nexum des Vaters sich ohne weiteres auf die Kinder erstreckt, so daß diese zwar nicht selber nexi waren, aber auf

---

[139] Sav.Z. 22, S. 110. Ebenso schon v. Scheurl, Nexum, S. 53.

[140] Sav.Z. 23, S. 350, Anm. 1.

[141] A. a. O. S. 350.

sie, wie auf das Vermögen des nexus überhaupt, der
Gläubiger die Hand legen, sie also auch nach dem Tode
des nexus als unfrei ansprechen konnte: wenn daher,
wie in der vorliegenden Stelle, der Gläubiger statt dessen
sich damit begnügte, das nexum des Vaters zu erneuern,
so sei dies seinerseits eine Konzession gewesen. Einfacher ist es aber doch wohl, anzunehmen, daß der Sohn
eben die Schulden des Vaters, die auf ihn vererbt waren,
nicht bezahlen konnte, und daß er deshalb jetzt die
Schuldknechtschaft auf sich nehmen mußte, um
Schlimmerem zu entgehen.

> Livius 2, 23, 5. 6: ... aes alienum fecisse. id cumu-
> latum usuris primo se agro paterno avitoque
> exuisse, deinde fortunis aliis, postremo velut tabem
> venisse ad corpus; ductum se a creditore non in
> servitium, sed in ergastulum et carnificinam esse.

Erst sind Schulden gemacht, dann, um sie zu decken,
Hab und Gut veräußert worden, endlich, als auch das
nicht langte, die eigene Freiheit. Das nexum wird zwar
nicht genannt, ist aber ohne alle Frage gemeint. Zwischen
der Eingehung des Schuldverhältnisses und der des nexum
aber können Monate und Jahre gelegen haben.

Dieser Auffassung steht auch nicht entgegen Livius
2, 27, 1:

> cum Appius ... quam asperrime poterat ius de
> creditis pecuniis dicere. deinceps et qui ante nexi
> fuerant creditoribus tradebantur et nectebantur
> alii.

Die da ihren Gläubigern ausgeliefert werden, sind
nicht etwa solche, die sich schon bei Eingehung des

Schuldverhältnisses der sofortigen Zwangsvollstreckung unterworfen haben und deren Stündlein nun gekommen ist, sondern es sind nexi, wie die andern auch, die nur, wie Livius kurz vorher, 2, 24, 6 und 7 berichtet hat, vorübergehend aus der Gewalt ihrer Gläubiger entlassen worden waren, um an dem Feldzuge gegen die Volsker teilnehmen zu können, und die nun, vermutlich im Wege einer legis actio sacramento in rem, von ihren Gläubigern zurückgefordert werden. Und die anderen, die jetzt nectebantur, sind natürlich solche, die jetzt zuerst mit Addiktion bedroht, die freiwillige Schuldknechtschaft dem Tode oder dem Verkauf in die Fremde vorziehen.

Der Widerspruch zwischen Griechen und Römern ist also in der Tat nicht abzuleugnen, und er läßt sich auch dadurch nicht hinwegschaffen, daß man mit Huschke[142] necti, nexum se dare, nexum inire nicht von der Eingehung des Verknechtungsvertrages, sondern von der tatsächlichen Antretung der Knechtschaft auf Grund früherer Zusage versteht; auch dadurch nicht, daß man mit Sell[143] unterscheidet, und einen Teil der Ausdrücke, nämlich necti und nexum inire, auf die Eingehung des Darlehnsnexums, den andern Teil, nämlich nexum se dare, auf die Antretung der Schuldknechtschaft bezieht. Am allerwenigsten aber dürfen wir mit Karlowa[144]

---

[142] Nexum, S. 61 f. Ebenso v. Savigny, Verm. Schr., II, S. 415; Walter, Rechtsgesch., II, S. 248; Schilling in Richters und Schneiders Jahrb., 3. Jahrg. 1839, S. 213; Bachofen, Nexum, S. 35 ff., 65. Dagegen: v. Scheurl, Nexum, S. 23; Mitteis, Sav.Z. 22, S. 110, 120; Mommsen, Sav.Z. 23, S. 349.

[143] De Romanorum nexo et mancipio, S. 46.

[144] Rechtsgeschichte, II, S. 551.

gegen Livius dem Zweifel Raum geben, ob Livius als Nichtjurist nicht zweierlei durcheinandergeworfen und mit jenen Ausdrücken bald das eine bald das andere gemeint habe. Sollen wir dem Römer Livius weniger zutrauen als dem Griechen und Noch-weniger-Juristen Dionysius?

Der Widerspruch ist einmal da, und es kann sich nur darum handeln, ihn zu erklären.

Nun waren Darlehnsgeschäfte mit Exekutivklausel in der Heimat des Dionysius, im gesamten Griechenland mit Ausnahme von Athen, etwas Alltägliches. Die Exekutivklausel in der Fassung ἡ πρᾶξις ἔστω καθάπερ ἐκ δίκης, oder ähnlich, begegnet uns in Griechenland überhaupt so häufig[145], nicht nur bei Darlehnen, sondern bei den verschiedensten Arten obligatorischer Geschäfte, daß in der Tat der Anschein erweckt wird, sie habe, wie Goldschmidt[146] sagt, „die Regel des hellenistischen Schuldrechts" gebildet. Und da die Vollstreckung der Urteile, was sehr wohl zu beachten ist, ohne alle gerichtliche Mitwirkung vor sich ging[147], so versteht sich von selber, daß auch die Vollstreckung ohne Urteil, καθάπερ ἐκ δίκης, durchaus auf den Weg der außergerichtlichen Selbsthilfe verwiesen war.

Insoweit ist man auch heute allgemein ein-

---

[145] Vgl. Mitteis, Reichsrecht und Volksrecht, S. 401 ff. und die dort angeführten.

[146] Sav.Z. 10, S. 363.

[147] Meier u. Schömann, Der attische Prozeß, bearb. von Lipsius, S. 962 ff.; Hermann, Griechische Rechtsaltertümer, bearb. v. Thalheim (4. Aufl.), S. 131 ff.; Mitteis, Reichsrecht und Volksrecht, S. 413 f.

verstanden [148]. Streitig ist dagegen, und namentlich
Mitteis [149] hat seine gewichtige Stimme dagegen erhoben, ob die Vollstreckung ohne Urteil auch gegen die
Person des Schuldners gerichtet werden konnte. Mitteis
behauptet, Personalexekution sei allemal nur auf Grund
gerichtlichen Urteils zulässig gewesen. Den ausdrück-
lichsten Zeugnissen zum Trotz! Wenn es z. B. in dem
Leidener Papyrus O heißt:

ἡ πρᾶξις ἔστω ἐκ τε αὐτοῦ Πετειμούθου καὶ τῶν ὑπαρχόντων καθάπερ ἐκ δίκης,

so soll sich der Zusatz καθάπερ ἐκ δίκης ganz allein auf
die Vermögensexekution, ἐκ τῶν ὑπαρχόντων, beziehen,
nicht auch auf die in die Person des Schuldners, ἐκ
αὐτοῦ Πετειμούθου, welche immer, meint Mitteis, ein
Urteil vorausgesetzt haben werde. Fürwahr ein ver-
zweifelter Ausweg, um eine unbequeme Stelle los-
zuwerden, wie auch Kübler [150] bemerkt. Denn, sagt
Kübler sehr richtig, eine solche Auslegung wird
geradezu unmöglich durch die Partikeln τε—καί, die
zwischen den beiden Gliedern, αὐτοῦ Πετειμούθου und τῶν
ὑπαρχόντων, eine so enge Verbindung herstellen, daß man
das folgende καθάπερ ἐκ δίκης nicht auf das zweite Glied
allein beziehen kann, um so weniger, als auch die Prä-
position ἐκ nur vor dem ersten Gliede steht und vor
dem zweiten nicht wiederholt ist.

Mit Kübler werden wir die Personalexekution καθά-

---

[148] Vgl. darüber Kübler, Sav.Z. 25. S. 277.
[149] Reichsrecht u. Volksrecht, S. 419 f.
[150] Sav.Z. 25, S. 277.

περ ἐκ δίκης ferner auch in der Nicareta-Inschrift finden,
die Mitteis [151] überhaupt nicht für exekutiv hält:

ἡ δὲ πρᾶξις ἔστω ἐκ τε αὐτῶν τῶν δανεισαμένων καὶ ἐκ
τῶν ἐγγύων καὶ ἐξ ἑνὸς καὶ ἐκ πλειόνων καὶ ἐκ πάντων καὶ ἐκ τῶν ὑπαρχόντων αὐτοῖς πραττούσῃ ὃν ἂν
τρόπον βούληται.

Nicht minder in den gleichfalls von Kübler angeführten,
erst seit dem Erscheinen von Mitteis' epochemachendem
Werke bekannt gewordenen Urkunden:

Pap. Amherst 43: ἡ πρᾶξις ἔστω Μαρρῆτι τῶν κατὰ
τὴν γραφὴν παρά τε ἑαυτοῦ Μενελάου καὶ ἐκ τῶν ὑπαρχόντων αὐτῷ πάντων πράσσοντι κατὰ τὸ διάγραμμα καὶ
τοὺς νόμους.

B.G.U. 717, 16: τῆς πράξεως ... ἐκ τε ἐμοῦ καὶ ἐκ
τῶν ὑπαρχόντων μοι πάντων καθάπερ [ἐκ δίκης ...] σοι
οὔσης.

B.G.U. 989, 16: τῆς πράξεως σοι οὔσης καὶ τοῖς παρὰ
σοῦ ἐκ τε ἐμοῦ καὶ ἐκ τῶν ὑπαρχόντων μοι παντοίων
πάντων πράσσοντι καθάπερ ἐκ δίκης.

Nicht minder aber auch in dem schon bei Mitteis [152] selber
aufgehäuften reichen Beweismaterial, das Kübler nicht
herangezogen hat: Pap. 7 des Louvre; Pap. E.R. Nr. 1519,
Nr. 1577, Nr. 751, Nr. 1487, Nr. 3. Nicht minder endlich in dem auch von Kübler angeführten Edikt des
Tiberius Julius Alexander:

ἵνα αἱ πράξεις τῶν δανείων ἐκ τῶν ὑπαρχόντων ὦσι καὶ
μὴ ἐκ τῶν σωμάτων.

---

[151] Reichsrecht u. Volksrecht, S. 416, Anm. 3. Dagegen
auch Goldschmidt, Sav.Z. 10, S. 633 ff.; Hitzig, Griechisches
Pfandrecht, S. 61.
[152] Reichsrecht u. Volksrecht, S. 413, 422 f.

Daß in Griechenland der Gläubiger vertragsmäßig
zur außergerichtlichen Vollstreckung nicht nur in das
Vermögen, sondern auch in die Person des Schuldners
ermächtigt werden konnte, und daß namentlich Darlehns-
verträge unter dieser Bedingung dort gang und gäbe
waren, muß also doch wohl als festgestellt angenommen
werden. Nur in Athen war, wie schon bemerkt, die
Personalexekution überhaupt und damit auch das δανείζειν
ἐπὶ σώμασιν — Plutarch [153] und Aristoteles [154], die uns
das berichten [155], bedienen sich desselben Ausdrucks
wie Dionysius — schon durch Solon abgeschafft worden.

Nun glaubt allerdings K ü b l e r, aus der soeben fest-
gestellten Tatsache einen Beweis für die Richtigkeit
der Huschkeschen Lehre entnehmen zu können, indem
er die Frage aufwirft, warum das, was bei den Griechen
zulässig war, in Rom unmöglich gewesen sein sollte.
Ich meine im Gegenteil: wenn der Grieche Dionysius
im schroffen Widerspruch mit den römischen Geschichts-
schreibern das nexum ganz im Sinne des griechischen
Rechts als ein δανείζειν ἐπὶ σώμασιν sowohl darstellt, als
auch ausdrücklich bezeichnet, so legt das den Schluß
nahe, daß Dionysius hier mit seinem Latein zu Ende ist
und sich mit Griechisch weiterhilft [156].

Als Dionysius schrieb, da war das Nexum seit

---

[153] Solon, c. 13, 15.
[154] Staat der Athener, c. 6.
[155] Vgl. auch Diodor, 1, 79.
[156] Vgl. auch die Bemerkung von N i e b u h r, Röm. Geschichte, I, S. 643 (324), Anm. 1283: „Mißverstanden hat der
Fremde seine Quellen und dieses Recht." Vgl. auch nur das
Inhaltsverzeichnis unter „Dionysius".

300 Jahren außer Gebrauch. Und wenn man auch vielleicht nicht sagen darf, daß selbst in Rom kaum jemand zu finden gewesen wäre, der über die juristische Gestalt der vertragsmäßigen Schuldknechtschaft im älteren Recht genaue Auskunft geben konnte, so lag es doch wahrlich nahe genug, daß der Grieche das, was er aus eigener Anschauung viel besser zu kennen glaubte als irgend ein Römer, so darstellte wie es ihm bekannt war. Schrieb er doch auch nicht für Römer oder gar für uns, sondern für Griechen, denen auf diese Weise in der Tat auch viel besser gedient war, als durch rechtsgeschichtliche Genauigkeit! Und geht Dionysius doch auch sonst in der Übertragung griechischer Gewohnheiten und griechischen Rechts auf römische Dinge sogar so weit, daß er z. B. einen römischen Dictator der römischen Plebs versprechen läßt, bis zur Beendigung des Feldzuges solle jede außergerichtliche Zwangsvollstreckung nicht nur aus Darlehnen, sondern auch aus jedem anderen Vertrage ruhen!

Dionys. 6, 41: ἀφείσθω πᾶσα μὲν οὐσία, πᾶν δὲ σῶμα, πᾶσα δ'ἐπιτιμία πολίτου Ῥωμαίου ἀρρυσίαστος ἀπό τε δανείου καὶ ἄλλου παντὸς συμβολαίου.

Als ob es in Rom außer dem Nexumdarlehen gar noch andere Verträge gegeben hätte, auf Grund deren der Schuldner ohne weiteres abgeführt werden konnte! In Griechenland dagegen war, wie schon gesagt, die Exekutivklausel nicht nur bei Darlehnen, sondern bei Verträgen der verschiedensten Art etwas ganz Gewöhnliches [157].

---

[157] Damit erledigen sich die Bedenken Kleineidams, a. a. O., S. 69, Anm. 32, wegen dieser Stelle.

Und aus griechischem Recht erklären sich vielleicht
auch die νόμιμοι προθεσμίαι bei Dionys. 6, 83. Ebenso
wie nach römischem war nämlich auch nach attisch em
Recht [158] dem verurteilten Schuldner zur Zahlung eine Fr ist
gesetzt, die auch wahrscheinlich ebenso wie die römisch en
dies iusti durch das Gesetz bestimmt war, nach deren
Ablauf er zur Exekution reif war und ὑπερήμερος genannt
wurde. Ähnliches ist auch für die anderen griechischen
Rechte zu vermuten [159]. Nun heißt es in der Lakritos-
Urkunde [160]:

ἔστω ἡ πρᾶξις τοῖς δανείσασι καὶ ἐκ τῶν τούτων ἁπάντων
    καθάπερ δίκην ὀφληκότων καὶ ὑπερημέρων ὄντων.

Ebenso in der Urkunde des Alexander von Arkesine [161]:

ἐξέστω πράξασθαι Ἀλεξάνδρωι ταῦτα τὰ χρήματα . . .
    καθάπερ δίκην ὠφληκότων ἐν τῆι ἐκκλήτωι καὶ ὄντων
ὑπερημέρων . . . καὶ πρακτὸς ἔστω τοῦτο τὸ ἀργύριον
ὡς ὠφληκὼς δίκην Ἀλεξάνδρωι ἐξούλης ἐν τῆι ἐκκλήτωι
καὶ ὢν ὑπερήμερος.

Diese Urkunden scheinen doch zu beweisen, daß
ein Schuldner, der sich der Zwangsvollstreckung καθάπερ
ἐκ δίκης unterworfen hatte, sich derselben gesetzlichen
Frist erfreute wie ein Verurteilter, daß aber auch aus-
gemacht werden konnte, der Schuldner solle bei Fälligkeit der Schuld ohne weiteres als ὑπερήμερος gelten, die
Zwangsvollstreckung gegen ihn also ohne Zeitverlust

---

[158] Meier u. Schömann, Der attische Prozeß, S. 963 ff.;
Hermann, Griechische Rechtsaltertümer, S. 131 ff.
[159] Hermann a. a. O., S. 133 f.
[160] Demosthenes c. Lacritum, 35, 10—13.
[161] Angeführt bei Mitteis, Reichsrecht u. Volksrecht,
S. 408 f.

sofort zulässig sein. Dieses griechische Recht aber wird Dionysius 6, 83 im Auge gehabt haben.

Wo es sich dagegen um Dinge handelt, die nicht bloß der Rechtsgeschichte angehörten, sondern die auch ein Grieche in Rom tagtäglich auf offenem Markt mit ansehen konnte, da gibt uns auch Dionysius das reine römische Recht. Während die Schuldner der Gruppe 2 ganz nach griechischer Weise ohne alle gerichtliche Mit-wirkung von ihren Gläubigern abgeführt worden sind, waren die Verurteilten der Gruppe 3 ganz so wie es sich in Rom gehörte den Gläubigern addiziert, ἀπεδόθησαν.

VII.
DAS NEXUM DES SCHULDNERS.

So bleibt uns denn zum Schluß nur noch die Frage zu beantworten, auf welche Weise jenes nexum inire, nexum se dare, necti der römischen Geschichtsschreiber vor sich ging, und wie wir uns die vertragsmäßige Schuld-knechtschaft des älteren römischen Rechts überhaupt zu denken haben.

Manche Schriftsteller, die sonst auf gutem Wege sind, haben die Frage nach der Form des Verknechtungs-vertrages mehr oder minder offen gelassen. So van Heusde[162], der ebenso wie Mitteis und v. Scheurl zwei nexa unterscheidet, ein Darlehnsnexum und ein Verknechtungsnexum; der ferner auch schon in diesem Verknechtungsnexum die letzte Zuflucht des zahlungs-unfähigen Schuldners, um der Tötung oder dem Verkauf in die Fremde zu entgehen, erkannt hat; und der, so viel ich sehe, überhaupt der erste ist, der in dem ge-setzlich gewährleisteten ius paciscendi[163] die Erklärung gefunden hat für die auf den ersten Blick auffallende Erscheinung, daß wir von keinem einzigen Fall wissen,

---

[162] De lege Poetelia Papiria, 1842, S. 64 ff.
[163] Gellius 20, 1, 46 f.

wo die Zwangsvollstreckung der XII Tafeln bis zu ihrem „bitteren Ende" durchgeführt worden wäre. Kein verurteilter Schuldner, der, wenn er nicht zahlen konnte, sich nicht so oder so mit seinem Gläubiger abfand! Und die Eingehung eines nexum war nur eine, allerdings auch die äußerste, von verschiedenen Möglichkeiten. Auf welche Weise nun aber ein solches nexum eingegangen wurde, sagt van Heusde nicht. Er spricht nur von einem operas suas tradere creditoribus[164], und man bleibt im Zweifel darüber, ob er nicht etwa, verleitet durch das ius paciscendi, gar ein einfaches pactum für ausreichend hält.

Dieselbe Unterscheidung zweier nexa und namentlich dieselbe Charakterisierung des nexum im zweiten Sinne als eines „dauernd durch Vertrag (nur freilich nicht Selbstmancipation) begründeten, die Exekution abwehrenden Zustandes der Dienstbarkeit", dazu dieselbe Zurückführung auf das ius paciscendi, auch bei Jhering[165]. Und auch hier wieder derselbe Verdacht, daß ein formloses pactum gemeint sein könnte.

Derselbe Gedanke aber auch, oder doch beinahe, überraschenderweise bei Bekker[166], der nicht nur, wie wir wissen, an dem exekutiven Darlehn per aes et libram festhält, sondern eigentlich auch von einem zweiten nexum im Mitteisschen Sinne gar nichts wissen will; der aber gleichwohl lehrt, wenn der Gläubiger mit

---

[164] A. a. O. S. 67.
[165] Geist des röm. R. II, 1 § 31 Anm. 200 (4. Aufl. S. 155 f.), verglichen mit I, § 11 c bei Anm. 62 (4. Aufl. S. 155).
[166] Sav.Z. 23 S. 23, S. 15 f.

der legis actio per manus iniectionem vorging und der
Schuldner niemand hatte, auf dessen Unterstützung
er rechnen konnte, so habe er eben versuchen müssen,
mit dem Gläubiger irgendwie sich zu vergleichen, ähnlich dem, der Talion zu befürchten habe: ni pacit talio
esto. Und als möglichen Inhalt einer solchen Paktion
nennt er: „der Schuldner verpflichtet sich, im Hause
des Gläubigers mit eigener Hände Arbeit die Schuld
abzuverdienen."

Dieselbe Auffassung endlich auch, und zwar augenscheinlich in dem Bewußtsein vorgetragen, damit etwas
ganz neues zu bieten, bei einem der neuesten Schriftsteller über unseren Gegenstand, bei Kleineidam[167].
Neu und sehr verdienstlich ist aber doch dabei, daß der
Gedanke, aus dem ius paciscendi die Möglichkeit eines
formlosen pactum herzuleiten, aus zutreffenden Gründen
und mit Nachdruck zurückgewiesen wird[168]. Ergäbe
sich doch daraus auch die Möglichkeit einer Eigentumsübertragung durch bloßes pactum! Wenn Kleineidam[169] dann aber schließlich auf den Ausweg ver-
fällt, „daß eine solche Schuldsklavereivereinbarung prin-
zipiell formlos sich dem Rahmen des Schuldbegründungs-
aktes als Nebenabrede, also beim alten obligatorischen
nexum der nuncupatio, einfügte", so ist das ein Rück-
fall unter die Vorläufer der weiland herrschenden Lehre,
zu den heute vergessenen Anschauungen eines Walter[170],

---

167 Personalexekution S. 75, 108 ff.
168 A. a. O. S. 124 f.
169 A. a. O. S. 127.
170 Röm. Rechtsgeschichte II, § 616.

Schilling[171] und Bachofen[172], die für uns keiner Widerlegung mehr bedürfen.

Eine ganz eigene Ansicht vertritt Lenel[173]. Als die Geschäftsform, durch die freiwillige Schuldknechtschaft begründet wurde, vermutet er „das alte vadimonium, jene vades und subvades, von denen Gellius 16, 10, 8 als von einer verschollenen Antiquität zu melden weiß." Er tut es, weil der Name dieses Instituts mit der Wadiation des alten deutschen Rechts „sprachlich nicht nur verwandt, sondern sogar identisch ist", und weil auch das deutsche Institut in der Verpfändung einer Person, sei es eines Bürgen, sei es des Schuldners selber, bestehen konnte. Nexus, meint Lenel[174], sei eben der „vadimonio nexus". Obwohl er doch kurz vorher selber anerkannt hat, daß die durch vadimonium Gebundenen vades und subvades hießen! Man vergleiche außerdem Varro de l. l. 6, 74:

Vas appellatus qui pro altero vadimonium promittebat.

Können wir denn aber, was die Form des Verknechtungsvertrages betrifft, noch zweifeln? Livius und Valerius Maximus reden von nexum inire, nexum se dare, auch einfach necti. Das Hauptwort nexum aber ist, wie wir wissen, gleichbedeutend mit Mancipation.

---

[171] Krit. Jahrbücher von Richter u. Schneider 3. Jahrgang, 1839, S. 215 f.

[172] Nexum, 1843, S. 160. — v. Scheurl, den Kleineidam a. a. O. S. 127 Anm. 44, mit anführt, steht, wie wir wissen, in Wirklichkeit auf einem ganz anderen Standpunkt.

[173] Sav.Z. 23 S. 97 f.

[174] A. a. O. S. 98 Anm. 4.

Und daß necti ein Geschäft per aes et libram, also
ein nexum im weiteren Sinne, vornehmen heißt, bestätigt Festus in der bereits besprochenen Stelle s. v.
nexum:

> Nexum est, ut ait Gallus Aelius, quodcunque per
> aes et libram geritur, id quod necti dicitur.

Können wir da, sage ich noch einmal, überhaupt
noch zweifeln, daß die Form, nach der wir suchen, in
der Tat die Form der Mancipation war?

Versteht sich, nicht einer Mancipation de futuro
in dem Sinne von Niebuhr und Mommsen, die bei
Eingehung des Schuldverhältnisses vorgenommen, dem
Gläubiger erst für später das Recht gab, den Schuldner,
wenn er nicht zahlte, zu greifen und abzuführen. Wir
wissen jetzt, daß die Ergebung in die Schuldknechtschaft
immer nur de praesenti erfolgte; und der Einwand
der Bedingungsfeindlichkeit der Mancipation, mit dem
v. Savigny[175] einst die Niebuhrsche Lehre zu Fall gebracht hat, soll uns nichts anhaben.

Sofort erhebt sich freilich ein anderer Einwand.
„Ich meine,“ sagt L e n e l[176], „dem feinen Formgefühl
der Römer müßte es widerstrebt haben, die Kaufform,
sei es auch nur die F o r m des Kaufs, für ein Geschäft
zu verwenden, durch das der Preisempfänger seine eigene
Person in die Gewalt eines anderen gegeben hätte“.
Ist es aber nicht auch in der Tat eine Ungereimtheit,
daß einer zugleich als Partei und als Gegenstand des

---

[175] Verm. Schriften II, S. 399.
[176] Sav.Z. 23 S. 85.

Kaufgeschäfts, oder um den Widersinn noch handgreif-
licher zu machen, zugleich als Partei und als Gegenstand
des „Handgriffs" [177] auftritt? Müßte der Handgriff nicht
vielmehr, ebenso wie die manus iniectio, der Fähigkeit,
Partei zu sein, ein Ende machen? Ganz zu geschweigen,
daß der sich selbst dem mancipium preisgebende
Schuldner, wie er durch die Mancipation notwendigerweise zur persona in mancipio und vermögensunfähig
werden — in der Tat ist das auch die Meinung von Niebuhr und Mommsen nicht nur, sondern auch von
Mitteis — ebenso notwendig um den Kaufpreis, und be-
stehe er auch nur in einem einzigen Kupferpfennig, be-
trogen werden müßte! Denn in dem Augenblick, wo er
ihn erwerben und damit das ganze Geschäft zu stande
bringen soll, verlöre er ihn ja auch schon wieder; und
von den beiden Wirkungen des Geschäfts, Übereignung
des Kaufpreises und Entstehung der Gewalt an der
Person des Verkäufers, müßte also notwendigerweise die
eine die andere, damit aber auch das ganze Geschäft,
zunichte machen!

Also gewiß ein ernst zu nehmender Einwand! Der
auch nicht abgeschwächt wird durch den Hinweis auf
die coemptio, bei der allerdings die Braut sich selber
mancipiert haben mag. Denn so etwas gab es doch jedenfalls erst in späterer Zeit; solange man dagegen die alten
Formen noch ernst nahm, war ohne Zweifel nicht die
Braut, sondern ihr Gewalthaber der Mancipierende.

Aber ein ernst zu nehmender Einwand doch nur so

---

[177] Vgl. Kleineidam a. a. O. S. 125.

lange, als wir uns darauf versteifen, die Wendungen se nexum dare usw. wörtlich zu nehmen und den Ausdruck „Selbstmancipation" so zu verstehen, als bildete wirk- lich die eigene Person des Mancipanten genau so den Gegenstand der Mancipation, wie die Person des Haus- kindes beim Verkauf in das mancipium, nicht nur tat- sächlich, sondern auch rechtlich.

Wir erinnern uns jener bedeutsamen Stelle des Varro, de lingua latina 7, 105, die uns schon einmal beschäftigt hat. Wir kennen sie aber noch nicht voll- ständig, vielmehr hat sie noch eine nicht weniger be- deutsame Fortsetzung, die also lautet:

> Liber qui suas operas in servitutem pro pecunia quam debebat dabat[178], dum solveret nexus voca- tus[179], ut ab aere obaeratus. Hoc C. Poetelio Libone Visolo[180] dictatore sublatum ne fieret, et omnes qui bonam copiam iurarunt, ne essent nexi, dissoluti.

Schon v. Scheurl[181] hat die Bemerkung gemacht, diese Stelle sei „eigentlich die Hauptstelle über unseren Gegenstand, weil sie unter allen das nexum betreffenden Stellen, die vom Altertum auf uns gekommen sind, allein ex professo erörtere, wer ein nexus sei"; und ebenso sagt auch Mitteis[182] sehr richtig: „dieses von den

---

[178] Über die Lesart vgl. Mommsen, Sav.Z. 23 S. 354 Anm. 3; Kleineidam a. a. O. S. 100; Mitteis, Sav.Z. 22 S. 118 f. Vgl. auch Schilling, Krit. Jahrb. von Richter u. Schneider 3. Jahrg., 1839, S. 212.

[179] Über die Lesart vgl. Mommsen a. a. O. und Varro de l. l. 6, 74 (angeführt oben S. 90).

[180] Über die Lesart Mommsen a. a. O.

[181] Nexum S. 48.

[182] Sav.Z. 22 S. 119.

Modernen ganz gering geschätzte sei das einzige un-
mittelbare und einigermaßen bedeutsame, weil nicht wie
Huschkes Belegstellen fingierte Zeugnis vom Inhalt des
Nexums".

Daß es sich um eben die nexi handelt, von denen
die Historiker melden, zeigt auch die in der Hand-
schrift leider verstümmelte Bemerkung über die lex
Poetelia. Wo aber, wenn man sie nicht hineinträgt,
findet sich auch nur eine Andeutung, daß die Schuldknechtschaft dieser nexi auf einem Darlehn per aes et
libram beruht hätte? Huschke[183] mit seiner Lesart:
qui suas operas in servitutem pro pecunia, *qua damnas*,
debebat, mit seiner Erklärung, nexus sei demnach der
auf Grund des Darlehnsnexums und der darin enthaltenen
Damnation in die Schuldknechtschaft Abgeführte, der
nun „nicht mehr bloß das Geld, sondern für dasselbe
auch seine persönlichen Dienste zu einem sklavenartigen
Zustand schulde": Huschke, das wird man mir zugeben,
bedarf nicht mehr der Widerlegung.

Anderseits freilich auch kein Wort von Mancipation:
kein mancipio dabat, sondern ein bloßes dabat, und
dieses dabat auch nur — Conjectur! Auch denken wir
nicht daran, das fehlende mancipio auch noch einzu-
schieben, so nahe es zu liegen scheint, Varros Gedanken-
gang sich etwa folgendermaßen zurecht zu legen. Varro
hat sich eben erst für die Ansicht des Q. Mucius erklärt, wonach nexum nicht überhaupt die Mancipation,
sondern nur die obligatorischen Wirkungen der Manci-

---

[183] Nexum S. 64 ff.

pation bedeuten sollte. „Allerdings," hätte er dann sagen wollen, „wenn ein Schuldner seinem Gläubiger für das, was er ihm schuldet, seine operae mancipiert, so wird er auch nexus genannt, obwohl von einer obligato-rischen Wirkung einer solchen Mancipation nicht die Rede sein kann. Er heißt aber nur darum so, weil er durch die Mancipation in einem Zustand sich befindet, aus dem er sich wie von einer Obligation „lösen" muß, also in der Tat bis dahin ein „Gebundener" genannt werden kann." Vorsichtiger scheint es aber doch, die Mancipationsform einfach aus dem Worte nexus zu folgern. Nexus ist eben, wer das Nexum, das heißt die Mancipation, über sich hat ergehen lassen müssen.

Die Bedeutung unserer Stelle liegt nun aber darin, daß sie als Gegenstand des Geschäfts etwas ganz anderes bezeichnet als die Person des Schuldners, nämlich seine operae. Mitteis[184] hat das doch wohl nicht genügend gewürdigt. Ob die Stelle wirklich wörtlich genommen werden könne, fragt er. Dem Wortlaut nach, so führt er aus, würde der Schuldner allerdings nicht sowohl seine Person als seine operae hingeben. Das sei aber „offenbar nicht gemeint", und stünde auch mit der Darstellung der Historiker nicht im Einklang. Vielmehr wolle Varro vermutlich nur sagen, daß der Schuldner „seine Person zum Behuf der Arbeit" verknechte. Das heißt aber doch eine Perle finden und sie wieder weg-werfen!

Was die Historiker sagen, das brauchen wir aller-

---

[184] Sav.Z. 22 S. 121.

dings nicht wörtlich zu nehmen, und dürfen es auch nicht. Ihre Sprache ist die des gewöhnlichen Lebens, die für die juristischen Feinheiten keinen Sinn hat, und die darum das Geschäft, von dem die Rede ist, kurzer Hand als das bezeichnet, was es der Sache nach war, nicht als was es in der juristischen Formulierung zu erscheinen sich genötigt sah. Der Bericht des Varro dagegen verrät sozusagen in jedem Wort die juristische Herkunft. Ja, man möchte fast sagen, er sei wie ein Nachklang einer Formel: derselben Formel, mit deren Hilfe der römische Gläubiger der Zeit vor der lex Poetelia, von geriebenen Juristen beraten, den Einwand, um dessen Widerlegung es sich hier handelt, zu vermeiden verstand!

Nun wäre es gewiß ein gefährliches Ding, und es gehörte das ganze Gottvertrauen eines Huschke dazu[185], wollten wir uns vermessen, über den Wortlaut des hier in Frage stehenden Mancipationsformulars etwas näheres zu wissen. Aber so sicher es ist, daß eine Formel, die den Schuldner selber als Gegenstand des Kaufes nannte, ein Ding der Unmöglichkeit war: so sicher ist es auch, daß die Formel sich nur an den Wortlaut des Varronischen Berichts anzulehnen und statt des Schuldners dessen operae zu nennen brauchte, um jedenfalls gegen den hier in Frage stehenden Einwand gewappnet zu sein. Lassen wir also nur der Anschaulichkeit halber, indem wir uns daneben noch an

---

[185] Vgl. die von Huschke, Nexum S. 50 gegebene Formel des Darlehnsnexums.

die bekannte Formel der mancipatio familiae [186] anlehnen,
die Formel des Schuldnernexums etwa folgendermaßen
lauten:

> Operae tuae in servitutem meam, dum CIƆ aeris
> quae mihi debes solveris, hoc aere aeneaque libra
> sunto mihi emptae.

Der Sache nach bleibt es darum doch eine Mancipation der Person des Schuldners. Varro sagt ja nicht
einfach: operas dabat. Das würde eine unbestimmte
Summe von Einzelleistungen bedeuten, wie bei der
actio operarum. Er sagt: operas dabat in servitutem.
Das deutet auf die einmalige Herstellung eines dauernden
Zustandes. Der Schuldner gibt dem Gläubiger seine
ganze Arbeitskraft hin, in dem Sinne, daß dieser wie
über die Arbeit eines Sklaven darüber verfügen kann.
Wer aber das kann, der hat damit auch den ganzen Mann,
nicht anders als einen Sklaven. Und wenn Porzia auch,
mit den Augen der Liebe und Freundschaft, vielleicht
immer noch einen Unterschied zu finden wüßte: im
alten Rom war Shylocks Geist allmächtig und nicht
die Liebe!

Genau so ist die Stelle des Varro schon vor mehr
als einem halben Jahrhundert von v. Scheurl [187] verstanden worden. Aber wie das bei neuen und guten
Gedanken wohl zu gehen pflegt, so ist auch dieser als-
bald mit großer Lebhaftigkeit bekämpft worden, wobei
sein Urheber noch das besondere Unglück hatte, daß Sell [188]

---

[186] Gaius 2, 104.
[187] Vom Nexum, 1839, S. 49 f.
[188] De Romanorum nexo et mancipio S. 42 ff.

den Gedanken aufgriff und ihn, um mit Bachofen[189] zu reden, zu einem „wahren juristischen Ungeheuer" verarbeitete. „Wo lesen wir," rief nun Bachofen[190] entsetzt aus, „von der Arbeitskraft als einer res mancipi?" Und spitzig fragte v. Glöden[191]: „Angenommen einmal, unsere Kataloge von res mancipi wären lücken-haft, wie wurde die Sache, um sie zu mancipieren, zur Stelle geschafft? Machte etwa der Schuldner, gleichsam wie eine Scholle vom Acker genommen wurde, den Zeugen ein Pröbchen seiner Dienstleistungen vor?"

Neuerdings hat dann auch Kleineidam[192] den „Mangel eines mancipationsfähigen Objekts" als Grund genommen, um eine mancipatio operarum und damit die Mancipation als Form des Verknechtungsvertrages über-haupt zu verwerfen. Nun stammen aber doch unsere „Kataloge von res mancipi" erst aus den Federn eines Gaius und Ulpian[193], sind also rund ein halbes Jahr-tausend jünger als die lex Poetelia. Wie in aller Welt kann man sich also darauf berufen, daß die operae des zahlungsunfähigen Schuldners nicht darin genannt sind! Und neben der Stelle des Varro auch noch ein Ver-zeichnis der res mancipi aus der Zeit vor der lex Poetelia wäre doch wahrlich zu viel verlangt! Dazu kommt, daß die Aufzählungen, die wir haben, selbst für

---

[189] Nexum S. 67.
[190] A. a. O. S. 66. Vgl. auch Schilling, Krit. Jahrb. von Richter u. Schneider, 3. Jahrg. 1839, S. 210.
[191] Krit. Jahrb. von Richter u. Schneider, 9. Jahrg. 1845, S. 398.
[192] A. a. O. S. 126 f.
[193] Gaius 2, 14 a; Ulp. 19, 1.

das Recht der Zeit, auf die sie sich beziehen, als un-
vollständig gescholten werden könnten. Findet sich in
ihnen ein Wort über den Gegenstand der mancipatio
familiae? Und hat jemals einer daran Anstoß genommen? Liegt es nicht vielmehr nahe genug, auch für
die operae des Schuldners und die vorpoetelischen Ver-
zeichnisse, die wir nicht kennen, etwas ähnliches zu
vermuten? Wie nämlich bei der familia pecuniaque der
Grund wohl darin lag, daß die Mancipation hier als leere
Förmlichkeit und bloßer Bestandteil der Testaments-
errichtung angesehen, dieser Fall der Mancipation daher
gar nicht ernstlich als solcher in Betracht gezogen
wurde: so war die mancipatio operarum der Sache nach
ja doch nichts anderes als eine mancipatio debitoris, und
wo es sich nicht gerade um die Formel handelte, da
mochte es auch für die Juristen nahe genug liegen, als
Gegenstand dieser Mancipation oder dieses Nexums nicht
die operae zu nennen, sondern einfach den Schuldner,
den debitor nexus.

Die Schuldknechtschaft dauerte so lange, bis der
nexus seine Schuld bezahlte, dum solveret, wie Varro
sagt. Auch daraus hat man einen Einwand gegen den
Gedanken der Selbstmancipation entnommen: wegen der
Bedingungs- und Fristfeindlichkeit der Mancipation, versteht sich. Mitteis [194] hat aber in der Tat ganz Recht,
wenn er auch diesem Bedenken kein großes Gewicht
beimißt. Die Gründe, die er für seine Ablehnung an-
gibt, sind freilich etwas sehr allgemeiner Art. Man dürfe

---

[194] Sav.Z. 22 S. 121.

sich bei Ermittlung der Tatsachen der ältesten Rechtsgeschichte nicht durch unsere Anschauungen vom späteren
Recht leiten lassen, vielmehr solle man zuerst von
diesen Tatsachen unbefangen feststellen, was sich er-
mitteln lasse, und danach die klassischen Rechtsbegriffe
für die ältere Zeit berichtigen. Verkehrt ist das ja
gewiß nicht, wenn es nur mit aller Vorsicht geschieht.
Noch richtiger aber scheint es mir, daran zu erinnern,
daß die unbedingte Bedingungs- und Fristfeindlichkeit
der Mancipation doch eigentlich eine Mythe ist. Bezeugt
ist sie nur für die aufschiebende Bedingung und Befristung[195], und da hat sie ihren guten Grund. Eine
solche Bedingung oder Befristung stände eben einfach
mit der Mancipation als der Behauptung und Betätigung
gegenwärtigen Rechtserwerbes im Widerspruch. Ebenso
sicher ist es freilich, daß ad tempus proprietas trans-
ferri nequit[196]; und von der Übertragung unter einer
Resolutivbedingung muß dasselbe gelten. Aber in diesen
Fällen steht nicht die Mancipation der Bedingung
und Befristung im Wege, sondern das Eigentum als
ein ewiges, keiner zeitlichen Beschränkung zugäng-
liches Recht[197], und jener Satz gilt daher auch ganz
allgemein für alle Eigentumserwerbsarten. Von den
Prädialservituten, die gleichfalls als ewige Rechte angesehen wurden, gilt dasselbe[198]. Wogegen die Personal-

---

[195] Vat. fr. 329, l. 77, D. 50, 17. Vgl. Karlowa, Rechtsgeschäft S. 105.

[196] Vat. fr. 283.

[197] Vgl. Archiv f. d. civ. Praxis 78 S. 400 ff.

[198] l. 4 pr. D. 8, 1.

servituten, als schon ihrer Natur nach zeitlich beschränkte
Rechte auch den willkürlichen Endtermin und die auf-
lösende Bedingung sehr wohl vertragen, ohne daß die
Mancipation als solche das Geringste dagegen einzuwenden
hätte [199]. Und wird auch der ususfructus als res nec mancipi
niemals unmittelbar mancipiert, sondern nur bei Gelegenheit der Mancipation deduziert, so verweist Paulus fr.
Vat. 50 doch so deutlich auf das uti lingua nuncupassit
ita ius esto der XII Tafeln als den Grund der Zulässig-
keit, daß der ususfructus gewiß nur eine res mancipi
zu sein brauchte, um auch unmittelbar durch Mancipation, ebenso wie durch in iure cessio, ad tempus oder
ad condicionem übertragbar zu sein.

Warum also eine Mancipation der operae mit der be-
schränkenden Klausel dum solveret unzulässig gewesen
sein sollte, ist in der Tat nicht einzusehen. Galt jener
XII Tafelsatz etwa für sie nicht? Und dürfen wir nicht
annehmen, daß der Satz auch schon vor den XII Tafeln
gewohnheitsrechtlich anerkannt war?

Dauerte nun aber die Schuldknechtschaft so lange
bis der Schuldner zahlte, so versteht sich von selber,
daß der Schuldner auch durch die bloße Zahlung frei
wurde, und von einer Remancipation und dergleichen
— Sell [200] denkt an eine solche der nicht mehr zu
leistenden operae! — kann nicht entfernt die Rede
sein. Ebensowenig freilich von einem Abverdienen der
Schuld durch die geleistete Arbeit: was die meisten
Schriftsteller, ohne die leiseste Spur einer Andeutung

[199] Vat. fr. 50 (Paulus).
[200] A. a. O. S. 50.

davon in den Quellen, fast als selbstverständlich annehmen und auch Mitteis[201] nicht für unglaublich
hält. Nichts verkehrter, als sich hier von modernen
Billigkeitsempfindungen leiten zu lassen! Dem Charakter
des Rechtes jener Zeit entspricht es vielmehr durchaus,
wenn ebenso wie jedes Sachpfand ursprünglich ein Ver-
fallpfand ist, wie sehr auch sein Wert den Schuldbetrag
übersteigen mag[202]; wie jedes Nutzpfand ursprünglich
ein mortgage ist, bei dem in keiner Weise abgerechnet
wird[203]: ebenso auch bei der Selbstverpfändung des
Schuldners gar nicht danach gefragt wurde, ob die
Arbeitsleistungen des nexus nicht mehr wert waren als
die Zinsen seiner Schuld[204]. Gewiß hätte die Entwicklung, ebenso wie in den germanischen Rechten[205],
sehr wohl auch in Rom zu einem Abverdienen der Schuld
führen können. Es ist die Schuld der römischen
Wucherer, wenn die Entwicklung sich dort überstürzt
und ohne weiteres zum Verbot des Nexum geführt hat.

Und noch eine andere Behauptung früherer Schriftsteller ergibt sich aus der richtig verstandenen Stelle
des Varro als irrig. „Wer als Schuldeigen zugesprochen
ward, mit dem gingen in die Knechtschaft Kinder und
Enkel, die in seiner Gewalt waren", lehrt Niebuhr[206].

---

[201] Sav.Z. 22 S. 121.

[202] Vgl. für das deutsche Recht Heusler, Institutionen
des deutschen Privatrechts I, S. 131 f.

[203] Vgl. Heusler a. a. O. S. 143.

[204] Richtig Bachofen, Nexum S. 71 ff., namentlich S. 80 ff.

[205] Vgl. Schröder, Deutsche Rechtsgeschichte § 35 bei
Anm. 31 u. 32.

[206] Römische Geschichte I, S. 643 (324).

Der nexus ist ihm überhaupt capite deminutus [207], und
es versteht sich daher von selbst, daß überhaupt alles,
was dem Schuldner gehörte, auf den Gläubiger übergehen
mußte. Derselben Ansicht sind Huschke [208], Mitteis [209]
und Mommsen [210]. Fragt man nach den Gründen,
so dient man uns mit einer Handvoll Stellen des Dionysius
von Halicarnass [211], die schon als solche, nach allem was
wir jetzt wissen, von sehr geringer Beweiskraft sind,
und deren Wertlosigkeit sich hier auch noch aufs neue
bestätigt. So erzählt Dionysius 6, 26 von einem Schuldner,
wie er ἀπήχθην δοῦλος ὑπὸ τοῦ δανειστοῦ σὺν υἱοῖς δυσίν.
Livius 2, 23, 6, bei Erzählung desselben Vorganges,
weiß von den beiden Söhnen nichts. Ferner handelt
Dionysius 6, 29 von einem Edikt des Konsuls Servilius,
der zu Gunsten derer, die freiwillig am Kriege teilzu-
nehmen bereit sind, verordnet:

Τὰς τούτων οἰκίας μηδένα ἐξεῖναι μήτε κατέχειν, μήτε
πωλεῖν, μήτ' ἐνεχυράζειν, μήτε γένος αὐτῶν ἀπάγειν
πρὸς μηδὲν συμβόλαιον, μήτε κωλύειν τὸν βουλόμενον
τῆς στρατείας κοινωνεῖν.

Livius 2, 24, 6 läßt denselben Konsul nur ver-
künden:

Ne quis civem Romanum vinctum aut clausum
teneret, quominus ei nominis edendi apud con-
sules potestas fieret, neu quis militis, donec in

---

[207] A. a. O. S. 642 (323).
[208] Nexum S. 71 ff.
[209] Sav. Z. 22 S. 124.
[210] Sav.Z. 23 S. 350 bei Anm. 3, S. 355 („causa mancipii").
[211] Dionysius 5, 69; 6, 26; 6, 29; 6, 37; 6, 41, angeführt bei
Huschke a. a. O. S. 72 Anm. 88.

castris esset, bona possideret aut venderet, liberos
nepotesve moraretur.

Freilich wird gerade diese Liviusstelle auch von
der Gegenseite als Beweis, und zwar als einziger, der
sich aus einem römischen Schriftsteller beibringen ließ,
in Anspruch genommen. Aber steht denn da auch nur
ein Wort davon, daß das bona possidere aut vendere
und das liberos nepotesve morari — man beachte die
ganz unbestimmte und allgemeine Ausdrucksweise! —
als wegen eines nexum erfolgend gemeint sei? Und
sind wirklich gar keine anderen Veranlassungen dazu
denkbar?

Ein Schuldner der nur seine operae verkauft hat,
der hat eben doch nur seine operae verkauft!

MIX
Papier aus verantwortungsvollen Quellen
Paper from responsible sources
FSC® C105338

FSC
www.fsc.org

Printed by Libri Plureos GmbH
in Hamburg, Germany